OS OLHOS DA PELE

JUHANI PALLASMAA é um dos mais renomados arquitetos e teóricos da arquitetura da Finlândia. Em todos os aspectos de sua atividade teórica e prática – que inclui obras de arquitetura, projeto gráfico, planejamento urbano e exposições – ele coloca uma ênfase consistente na importância da identidade humana, da experiência sensorial e da tatilidade.

> **Aviso ao leitor**
> A capa original deste livro, em formato capa dura, foi substituída por nova versão, em formato brochura. Alertamos para o fato de que o conteúdo da obra é o mesmo e que a nova versão da capa decorre da adequação mercadológica do produto.

P153o	Pallasmaa, Juhani. 　　Os olhos da pele : a arquitetura e os sentidos / Juhani Pallasmaa ; tradução técnica: Alexandre Salvaterra. – Porto Alegre : Bookman, 2011. 　　76 p. ; 23 cm. 　　ISBN 978-85-7780-777-2 　　1. Arquitetura. I. Título. 　　　　　　　　　　　　　　　　CDU 72

Catalogação na publicação: Ana Paula M. Magnus – CRB 10/2052

Juhani Pallasmaa

OS OLHOS DA PELE
A arquitetura e os sentidos

Tradução Técnica:
Alexandre Salvaterra
Arquiteto e Urbanista
CREA 97.874

Reimpressão 2021

2011

Obra originalmente publicada sob o título
The Eyes of the Skin: Architecture and the Senses, 2nd. Edition.
ISBN 0470015799 / 9780470015797

All Rights Reserved. Authorised translation from the English language edition published by John Wiley & Sons Limited. Responsibility for the accuracy of the translation rests solely with Artmed Editora S.A. and is not the responsibility of John Wiley & Sons Limited. No part of this book may be reproduced in any form without the written permission of the original copyright holder, John Wiley & Sons Limited.

Copyright © 2005 John Wiley & Sons Ltd, The Atrium, Southern Gate, Chichester, West Sussex PO19 8SQ, England

Sobre os créditos das fotos:
Conforme informação no livro original, foi tentado contato com os proprietários das fotos, porém sem sucesso. Eventuais reconhecimentos de propriedade deverão ser comunicados à editora original.

Capa: *Rogério Grilho* (arte sobre capa original)

Ilustração da capa: *Caravaggio, The Incredulity of Saint Thomas, 1601-2.*© *Stiftung Preussische Schlösser und Gärten, Berlin-Brandenburg.*

Preparação de original: *Patrícia Costa Coelho de Souza*

Editora sênior: *Denise Weber Nowaczyk*

Editoração eletrônica: *Techbooks*

Reservados todos os direitos de publicação, em língua portuguesa, à
ARTMED® EDITORA S.A.
(BOOKMAN® COMPANHIA EDITORA é uma divisão da ARTMED® EDITORA S. A.)
Av. Jerônimo de Ornelas, 670 – Santana
90040-340 – Porto Alegre – RS
Fone: (51) 3027-7000   Fax: (51) 3027-7070

É proibida a duplicação ou reprodução deste volume, no todo ou em parte, sob quaisquer formas ou por quaisquer meios (eletrônico, mecânico, gravação, fotocópia, distribuição na Web e outros), sem permissão expressa da Editora.

Unidade São Paulo
Av. Embaixador Macedo Soares, 10.735 – Pavilhão 5 – Cond. Espace Center
Vila Anastácio – 05095-035 – São Paulo – SP
Fone: (11) 3665-1100   Fax: (11) 3667-1333

SAC 0800 703-3444

IMPRESSO NO BRASIL
PRINTED IN BRAZIL

Prefácio

GELO FINO

Steven Holl

Quando me sentei para escrever estas notas na chuvosa cidade de Nova York, ao pensar na neve branca recém-caída em Helsinque e no seu gelo fino de início de inverno, lembrei as histórias do rigoroso inverno finlandês, onde, a cada ano, estradas de atalho são improvisadas para cruzar seus lagos do norte, cobertos por uma espessa camada de gelo. Meses depois, quando o gelo começar a derreter, alguém se arriscará a cruzar o lago e afundará. Fico imaginando o último olhar do motorista, enquanto as fissuras do gelo branco se enchem com a água negra e fria que, em seguida, entrará no carro e o afundará. A beleza da Finlândia é trágica e misteriosa.

Juhani Pallasmaa e eu começamos a compartilhar ideias sobre a fenomenologia da arquitetura durante minha primeira visita à Finlândia, para o 5º Simpósio de Alvar Aalto, em Jyväskkylä, em agosto de 1991.

Em outubro de 1992 nos encontramos novamente em Helsinque, quando fui trabalhar no concurso para o Museu de Arte Contemporânea. Lembro-me de uma conversa sobre como os escritos de Merleau-Ponty podem ser interpretados em termos de sequências espaciais, texturas, materiais e luzes experimentados na arquitetura. Recordo que esta conversa aconteceu durante o almoço que tivemos abaixo do convés principal de um enorme barco de madeira ancorado no porto de Helsinque. O vapor da sopa de vegetais subia em espirais, acompanhando o suave balanço do mar parcialmente congelado.

Já tive contato com a arquitetura de Juhani Pallasmaa, de sua maravilhosa ampliação do museu de Rovaniemi à sua casa de veraneio de madeira em uma impressionante ilhota de pedras no arquipélago Turku, no sudoeste da Finlândia. O que sentimos nesses espaços e seus sons e odores têm o mesmo peso que suas imagens. Pallasmaa não é apenas um teórico; ele é um arquiteto brilhante com *insights* fenomenológicos. Ele pratica a arquitetura dos sentidos, impossível de ser analisada, cujas características fenomenológicas concretizam suas ideias sobre a filosofia da arquitetura.

Em 1993, após um convite de Toshio Nakamura, eu e ele trabalhamos, com Alberto Pérez-Gómez, na produção do livro *Questions of Perception: Phenomenology of Architecture*. Vários anos depois, os editores, *Architecture + Urbanism*, decidiram republicar este livreto, por considerar seus argumentos importantes a outros arquitetos.

Os Olhos da Pele, de Juhani Pallasmaa, um desdobramento de *Questions of Perception*, é uma discussão mais concisa e mais clara das dimensões fenomenológicas cruciais da experiência humana na arquitetura. Desde a publicação de *Experiencing Architecture* (1959), obra de Steen Eiler Rasmussen, não havia um texto tão sucinto e claro que pudesse ser útil a estudantes e arquitetos, especialmente nesse momento crítico do desenvolvimento da arquitetura do século XXI.

The Visible and the Invisible, obra que Merleau-Ponty estava escrevendo quando faleceu, contém um capítulo surpreendente: *"The Intertwining – The Chiasm"*. (Foi dele que tirei o nome de minha proposta para o concurso do Museu de Arte Contemporânea de Helsinque – Chiasm virou Kiasma, já que não existe a letra C em finlandês.) No texto do capítulo chamado *Horizon of Things* (O Horizonte das Coisas), Merleau-Pointy escreveu: "Não mais do que o céu ou a terra, o horizonte é uma coletânea de coisas mantidas unidas, uma categoria, uma possibilidade lógica de concepção, um sistema de 'potencialidade de consciência': ele é um novo tipo de ser, um ser de porosidade, fecundidade ou generalidade..."[1]

Na primeira década do século XXI, essas ideias ultrapassam o horizonte e "penetram nossa pele". No mundo inteiro, os bens de consumo promovidos por técnicas de publicidade hiperbólicas servem para suplantar nossa consciência e esmaecer nossa capacidade de reflexão. Na arquitetura, a aplicação de técnicas novas e supercarregadas com recursos digitais agora se une a essa hipérbole. Com esse forte ruído de fundo, a obra de Pallasmaa evoca nossa solidão contemplativa e empenho – o que ele já chamou de "A Arquitetura do Silêncio". Insistirei para que meus alunos leiam esta obra e reflitam sobre o "ruído de fundo". Hoje, a "profundidade de nosso ser" se encontra sobre gelo fino.

Sumário

Parte 1
Visão e conhecimento 15
Os críticos da priorização dos olhos 19
O olho narcisista e niilista 21
Espaço oral *versus* espaço visual 22
A arquitetura da retina e a perda da plasticidade 25
Uma arquitetura de imagens visuais 29
Materialidade e temporalidade 30
A rejeição da janela de Alberti 33
Uma nova visão e o equilíbrio sensorial 34

Parte 2
O corpo no centro 37
A experiência multissensorial 39
A importância das sombras 43
A intimidade acústica 46
Silêncio, tempo e solidão 48
Espaços aromáticos 51
A forma do toque 53
O sabor da pedra 56
Imagens de músculos e ossos 57
Imagens de ação 59
A identificação corporal 61
A mimese do corpo 63
Espaços da memória e imaginação 64
Uma arquitetura dos sentidos 65
A função da arquitetura 67

Notas 69

Introdução

TOCANDO O MUNDO

Juhani Pallasmaa

Em 1995, os editores da Academy Editions, de Londres, me convidaram para escrever um volume de sua série "Polemics", na forma de um ensaio ampliado de 32 páginas sobre um tema que eu considerasse pertinente ao discurso da arquitetura de então. O resultado – meu pequeno livro *The Eyes of the Skin: Architecture and the Senses* – foi publicado no ano seguinte.

As ideias básicas da segunda parte de meu manuscrito foram retiradas de um ensaio intitulado "An Architecture of the Seven Senses", publicado em *Architecture + Urbanism, Questions of Perception* (Special Issue, July 1994), uma publicação sobre a obra de arquitetura de Steven Holl, a qual também incluía ensaios do próprio Steven Holl e de Alberto Pérez-Gómez. Logo depois, em um seminário sobre a fenomenologia da arquitetura na Academia Real Dinamarquesa de Belas Artes, em Copenhague, em junho de 1995, os três escritores de *Questions of Perception* palestraram e isso, forneceu os argumentos básicos e as referências para a primeira parte do livro.

O singelo livreto teve uma recepção muito positiva – algo que de certa maneira me surpreendeu – e se tornou leitura obrigatória em disciplinas de teoria da arquitetura de diversas faculdades de arquitetura de todo o mundo. Como consequência, a edição esgotou-se rapidamente, e nos anos seguintes o livro passou a circular na forma fotocópias.

O ensaio polêmico baseou-se inicialmente em experiências, opiniões e especulações pessoais. Já há algum tempo vinha me preocupando com a predileção a favor da visão e em detrimento dos demais sentidos no modo como a arquitetura era concebida, ensinada e criticada, bem como o consequente desaparecimento das características sensoriais e sensuais nas artes e na arquitetura.

O interesse pelo significado dos sentidos – tanto filosófico como em termos de se experimentar, fazer e ensinar a arquitetura – cresceu significativamente nos 10 anos seguintes à escrita do livro. Minhas suposições sobre o papel do corpo humano como local de percepção, pensamento e consciência e o significado dos sentidos na articulação, na armazenagem e no processamento das respostas sensoriais e dos pensamentos têm sido reforçadas e confirmadas.

Com o título *Os Olhos da Pele* tentei expressar a importância do tato para experimentarmos e entendermos o mundo, mas também busquei provocar um curto-circuito conceitual entre o sentido dominante da visão e do tato, a modalidade reprimida dos sentidos. Após escrever o texto original, soube que na verdade nossa pele é capaz de distinguir diversas cores; nós realmente vemos com a nossa pele.[1]

A primazia do tato tem se tornado cada vez mais evidente. O papel da visão periférica e afocal na nossa vivência do mundo, bem como na nossa experiência da interioridade dos espaços que habitamos, também tem chamado minha atenção. A própria essência de nossa vivência é moldada pela tatilidade e pela visão periférica afocal. A visão focada nos põe em confronto com o mundo, enquanto a visão periférica nos envolve na carne do mundo. Junto com a crítica da hegemonia da visão, devemos reconsiderar a própria essência da visão.

Todos os sentidos, incluindo a visão, são extensões do tato; os sentidos são especializações do tecido cutâneo, e todas as experiências sensoriais são variantes do tato e, portanto, relacionadas à tatilidade. Nosso contato com o mundo se dá na linha divisória de nossas identidades pessoais, pelas partes especializadas de nossa membrana de revestimento.

A opinião do antropólogo Ashley Montagu, baseada em evidências médicas, confirma a primazia da esfera tátil:

> [A pele] é nosso órgão mais antigo e mais sensível, nosso primeiro meio de comunicação e nossa protetora mais eficiente... Até mesmo a córnea transparente dos olhos é coberta por uma camada de pele modificada... O tato é pai de nossos olhos, nosso nariz, nossa boca. Ele é o sentido que se especializou e gerou os demais, algo que parece ser reconhecido pelo fato de ser considerado há muito tempo "o pai de todos os sentidos".[2]

O tato é o modo sensorial que integra nossa experiência de mundo com nossa individualidade. Até mesmo as percepções visuais se mesclam e integram no *continuum* tátil da individualidade; meu corpo me faz lembrar quem eu sou e onde me localizo no mundo. Meu corpo é o verdadeiro umbigo de meu mundo, não no sentido do ponto de vista da perspectiva central, mas como o próprio local de referência, memória, imaginação e integração.

É evidente que uma arquitetura "que intensifique a vida"[3] deva provocar todos os sentidos simultaneamente e fundir nossa imagem de indivíduos com nossa experiência do mundo. A tarefa mental essencial da arquitetura é acomodar e integrar. A arquitetura articula a experiência de se fazer parte do mundo e reforça nossa sensação de realidade e identidade pessoal; ela não nos faz habitar mundos de mera artificialidade e fantasia.

A sensação de identidade pessoal, reforçada pela arte e pela arquitetura, permite que nos envolvamos totalmente nas dimensões mentais de sonhos, imaginações e desejos. Edificações e cidades fornecem o horizonte para o entendimento e o confronto da condição existencial humana. Em vez de criar meros objetos de sedução visual, a arquitetura relaciona, media e projeta significados. O significado final de qualquer edificação ultrapassa a arquitetura; ele redireciona nossa consciência para o mundo e nossa própria sensação de termos uma identidade e estarmos vivos. A arquitetura significativa faz com que nos sintamos como seres corpóreos e espiritualizados. Na verdade, essa é a grande missão de qualquer arte significativa.

Ao experimentar a arte, ocorre um intercâmbio peculiar: eu empresto minhas emoções e associações ao espaço e o espaço me empresta sua aura, a qual incita e emancipa minhas percepções e pensamentos. Uma obra de arquitetura não é experimentada como uma série de imagens isoladas na retina, e sim em sua essência material, corpórea e espiritual totalmente integrada. Ela oferece formas e superfícies agradáveis e configuradas para o toque dos olhos e dos demais sentidos, mas também incorpora e integra as estruturas físicas e mentais, dando maior coerência e significado à nossa experiência existencial.

Quando trabalham, tanto o artista como o artesão estão diretamente envolvidos com seu corpo em suas experiências existenciais; eles não focam um problema externo e objetivo. Um arquiteto perspicaz trabalha com todo seu corpo e sua identidade. Ao trabalhar em um prédio ou objeto, o arquiteto está simultaneamente envolvido em uma perspectiva inversa, sua autoimagem ou, mais precisamente, sua experiência existencial. No trabalho criativo, há identificação e projeção poderosas; toda a constituição corporal e mental do criador se torna o terreno da obra. Ludwig Wittgenstein, cuja filosofia tende a se desvincular do imaginário corporal, reconhece a interação tanto das obras de filosofia como de arquitetura com a imagem da identidade: "Trabalhar com filosofia – assim como com arquitetura, de diversas maneiras – realmente é trabalhar principalmente em si próprio. Em sua própria interpretação. Em como você vê as coisas..."[4]

O computador geralmente é considerado uma invenção somente benéfica, que libera a fantasia humana e facilita o trabalho de projeto eficiente. Gostaria de expressar minha séria preocupação com essa ideia, pelo menos ao considerar o papel atual da computação no processo de projeto. A criação de imagens por computador tende a reduzir nossa magnífica capacidade de imaginação multissensorial, simultânea e sincrônica, ao transformar o processo de projeto em uma manipulação visual passiva, em um passeio na retina. O computador cria uma distância entre o criador e o objeto, enquanto o desenho à mão e a elaboração de maquetes convencionais põem o projetista em contato tátil com o objeto ou o espaço. Na nossa imaginação, o objeto está simultaneamente em nossas mãos e dentro da nossa cabeça, e a imagem física projetada e criada é modelada por nossos corpos. Estamos ao mesmo tempo dentro e fora do objeto. O trabalho criativo exige uma identificação corporal e mental, empatia e compaixão.

Um fator extraordinário na experiência de fechamento de espaços, criação de interiores e tatilidade é a supressão deliberada da visão focada e concentrada. Essa questão raramente tem entrado no discurso da teoria da arquitetura, que insiste em se interessar pela visão focada e pela representação em perspectiva com intenções conscientes.

As imagens de arquitetura feitas com fotografias são imagens centralizadas da *gestalt* focada; ainda assim, as características de uma realidade de arquitetura parecem depender fundamentalmente da natureza da visão periférica, que envolve o sujeito no espaço. Uma floresta como contexto, um espaço de arquitetura muito rico, oferece amplos estímulos para a visão periférica, e tal meio nos centraliza no próprio espaço. A esfera perceptual pré-consciente, que é experimentada fora da esfera da visão focada, parece ser tão importante existencialmente quanto a imagem focada. De fato, existem evidências médicas que comprovam que a visão periférica tem maior prioridade em nosso sistema perceptual e mental.[5]

Essas observações sugerem que uma das razões pelas quais os contextos arquitetônicos e urbanos de nossa época tendem a nos fazer sentir como forasteiros, em comparação com o extremo envolvimento emocional provocado pelos contextos naturais e históricos, é sua pobreza em termos de visão periférica. A percepção periférica inconsciente transforma a *gestalt* da retina em experiências espaciais e corporais. A visão periférica nos integra com o espaço, enquanto a visão focada nos arranca para fora do espaço, nos tornando meros espectadores.

O olhar fixo defensivo e não focado de nossa época, assolado pela sobrecarga sensorial, talvez chegue a abrir novas esferas de visão e pensamento, liberadas do desejo implícito que os olhos têm por controle e poder. A perda de foco pode liberar os olhos de sua dominação patriarcal histórica.

"As mãos querem olhar, os olhos querem acariciar."
Johann Wolfgang von Goethe[1]

"O dançarino tem ouvidos nos dedos dos pés."
Friedrich Nietzsche[2]

"Se o corpo fosse mais fácil de entender, ninguém imaginaria que temos uma mente."
Richard Rorty[3]

"O sabor da maçã... está no contato da fruta com o palato, não na fruta em si; da mesma maneira... a poesia está no encontro do poema com o leitor, não nas linhas dos símbolos impressos nas páginas de um livro. O que é essencial é o ato estético, a vibração, a emoção quase física que surge com cada leitura."
Jorge Luis Borges[4]

"Que outra coisa o pintor ou o poeta poderia expressar senão seu encontro com o mundo?"
Maurice Merleau-Ponty[5]

PARTE 1

Visão e conhecimento

Na cultura ocidental, a visão tem sido historicamente considerada o mais nobre dos sentidos, e o próprio pensamento é igualado à visão. Já na filosofia grega, as certezas se baseavam na visão e na visibilidade. "Os olhos são testemunhos mais confiáveis do que os ouvidos", escreveu Heráclito em um de seus fragmentos[6]. Platão considerava a visão como a maior dádiva da humanidade[7], e insistia que as proposições éticas universais fossem acessíveis ao "olho da mente"[8]. Aristóteles também considerava a visão como o mais nobre dos sentidos "por que ela aproxima mais o intelecto, em virtude da imaterialidade relativa de seu conhecimento"[9].

Desde os antigos gregos, os escritos de filosofia de todas as épocas têm metáforas oculares abundantes, a tal ponto que o conhecimento se tornou análogo à visão clara e a luz é considerada uma metáfora da verdade. São Tomás de Aquino chega a aplicar a noção de visão a outras esferas sensoriais, bem como à cognição intelectual.

O impacto do sentido da visão na filosofia é bem resumido por Peter Sloterdijk: "Os olhos são o protótipo orgânico da filosofia. Seu enigma é que eles não apenas conseguem ver, mas também podem ver a si próprios vendo. Isso lhes confere uma proeminência entre os órgãos cognitivos do corpo. Na verdade, boa parte do pensamento filosófico é apenas reflexo dos olhos, dialética dos olhos, ver a si próprio vendo[10]". Durante a Renascença, considerava-se que os cinco sentidos formavam um sistema hierárquico no qual a visão está no topo, e o tato, na base. O sistema renascentista de hierarquização dos sentidos se relacionava com a imagem do corpo cósmico; a visão se correlacionava ao fogo e à luz, a audição, ao ar, o olfato, ao vapor, o paladar, à água e o tato, à terra[11].

A invenção da representação em perspectiva tornou os olhos o ponto central do mundo perceptual, bem como do conceito de identidade pessoal. A representação em perspectiva em si própria se tornou uma forma simbólica, que não apenas descreve, mas também condiciona a percepção.

Não há dúvida de que nossa cultura tecnológica tem ordenado e separado os sentidos de modo ainda mais distinto. A visão e a audição hoje são os sentidos socialmente privilegiados, enquanto os outros três são considerados resquícios sensoriais arcaicos, com uma função meramente privada e, geralmente, são reprimidos pelo código cultural. Somente sensações como o prazer olfativo de uma refeição, a fragrância das flores e as respostas à temperatura têm o direito de chamar a atenção coletiva em nosso código cultural centrado nos olhos e obsessivamente higiênico.

A dominância da visão sobre os demais sentidos – e sua consequente predileção na cognição – tem sido observada por muitos filósofos. Uma coletânea de ensaios de filosofia intitulada *Modernity and the Hegemony of Vision*[12] afirma que "desde os gregos antigos, a cultura ocidental tem sido dominada pelo paradigma centrado nos olhos, uma interpretação do conhecimento, da verdade e da realidade gerada pela visão e nela centrada"[13]. Este livro instigante analisa "as conexões históricas entre a visão e o conhecimento, a visão e a ontologia, a visão e o poder, a visão e a ética"[14].

Uma vez que o paradigma centrado nos olhos de nossa relação com o mundo e de nossa concepção de conhecimento – o privilégio epistemológico da visão – tem sido revelado pelos filósofos, também é importante analisar criticamente o papel da visão em relação aos demais sentidos, para o entendimento e a prática da arte da arquitetura. A arquitetura, como todas as artes, está intrinsecamente envolvida com questões da existência humana no espaço e no tempo; ela expressa e relaciona a condição humana no mundo. A arquitetura está profundamente envolvida com as questões metafísicas da individualidade e do mundo, interioridade e exterioridade, tempo e duração, vida e morte. "As práticas estéticas e culturais são peculiarmente suscetíveis às experiências mutáveis de espaço e tempo, precisamente porque se envolvem com a construção de representações espaciais e artefatos oriundos do fluxo da experiência humana," escreve David Harvey[15]. A arquitetura é nosso principal instrumento de relação com o espaço e o tempo, e para dar uma medida humana a essas dimensões. Ela domestica o espaço ilimitado e o tempo infinito, tornando-o tolerável, habitável e compreensível para a humanidade. Como consequência dessa interdependência entre o espaço e o tempo, a dialética do espaço externo e interno, do físico e do espiritual, do material e do mental, das prioridades inconscientes e conscientes em termos de sentidos e de suas funções e interações relativas tem um papel essencial na natureza das artes e da arquitetura.

David Michael Levin provoca a crítica filosófica do predomínio dos olhos com as seguintes palavras: "Acho apropriado desafiar a hegemonia da visão – o privilégio dos olhos dado pela nossa cultura. E acho que precisamos examinar de maneira muito crítica o caráter da visão que atualmente predomina em nosso mundo. Precisamos urgentemente de um diagnóstico da patologia psicossocial da visão cotidiana – e de uma compreensão crítica de nós próprios como seres visionários[16].

Levin ressalta a tendência à autonomia e a agressividade da visão, assim como "os espectros do poder patriarcal" que aflingem nossa cultura centrada nos olhos:

> O desejo de poder é muito forte na visão. Há uma tendência muito forte na visão a agarrar e a fixar, a considerar como concreto e a totalizar: uma tendência a dominar, fixar e controlar que, por ser tão ferozmente promovida, em determinado momento assumiu uma hegemonia incontestável em nossa cultura e seu discurso filosófico, estabelecendo, ao manter a racionalidade instrumental de nossa cultura e o caráter tecnológico de nossa sociedade, uma metafísica da presença centrada nos olhos.[17]

Acredito que muitos aspectos da patologia da arquitetura cotidiana de nosso tempo também possam ser entendidos mediante uma análise da epistemologia dos sentidos e uma crítica à predileção dada aos olhos pela nossa cultura, em geral, e pela arquitetura, em especial. A falta de humanismo da arquitetura e das cidades contemporâneas pode ser entendida como consequência da negligência com o corpo e os sentidos e um desequilíbrio de nosso sistema sensorial. O aumento da alienação, do isolamento e da solidão no mundo tecnológico de hoje, por exemplo, pode estar relacionado a certa patologia dos sentidos. É instigante pensar que essa sensação de alienação e isolamento seja frequentemente evocada pelos ambientes mais avançados em termos tecnológicos, como hospitais e aeroportos. O predomínio dos olhos e a supressão dos outros sentidos tende a nos forçar à alienação, ao isolamento e à exterio-

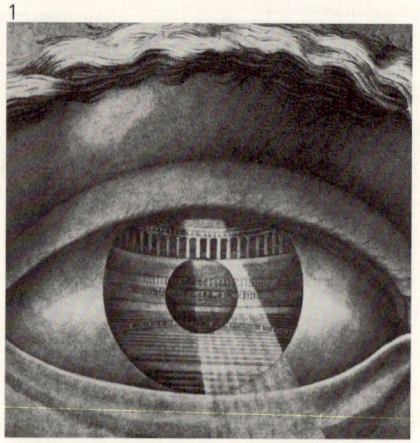

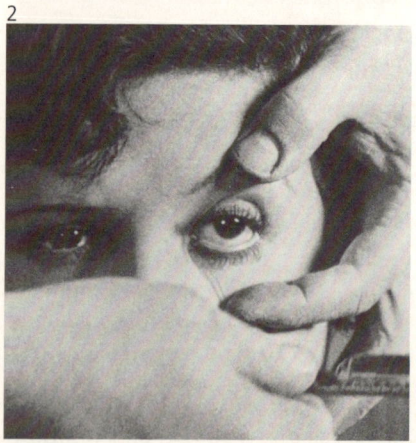

A CENTRALIZAÇÃO NO OLHAR E A VIOLAÇÃO DOS OLHOS

1

A arquitetura tem sido considerada uma forma de arte dos olhos.

Olho Refletindo o Interior do Teatro de Besançon, gravura de Claude-Nicholas Ledoux. O teatro foi construído entre 1775 e 1784. Pormenor.

2

A visão é considerada o mais nobre dos sentidos, e a perda da visão, a mais grave deficiência física.

Luis Buñuel e Salvador Dali, *Un Chien Andalou (Cão da Andaluzia)*, 1929. A cena chocante na qual o olho da heroína é cortado com uma lâmina de barbear.

Aito Mäkinin/Finnish Film Archive

ridade. A arte da visão, sem dúvida, tem nos oferecido edificações imponentes e instigantes, mas ela não tem promovido a conexão humana ao mundo. O fato de o vocabulário modernista em geral não ter conseguido penetrar na superfície do gosto e dos valores populares parece ser resultado de sua ênfase visual e intelectual injusta; a arquitetura modernista em geral tem abrigado o intelecto e os olhos, mas tem deixado desabrigados nossos corpos e demais sentidos, bem como nossa memória, imaginação e sonhos.

Os críticos da priorização dos olhos

A tradição da primazia dos olhos e a consequente teoria do espectador do conhecimento no pensamento ocidental também encontrou críticos entre os filósofos bem antes de nossas preocupações atuais. René Descartes, por exemplo, considerava a visão como o mais universal e nobre dos sentidos, e sua filosofia objetivadora consequentemente se baseava no privilégio da visão. Contudo, ele também equiparou a visão ao tato, um sentido por ele considerado "mais certo e menos vulnerável a erros do que a visão"[18].

Friedrich Nietzsche tentou subverter a autoridade do pensamento ocular, em uma aparente contradição com sua linha geral de pensamento. Ele criticava "o olho fora do tempo e da história"[19] pressuposto por muitos filósofos. Nietzsche chegou a acusar os filósofos de uma "hostilidade traiçoeira e cega contra os sentidos"[20]. Max Scheler claramente chama essa postura de "ódio do corpo"[21].

A visão "anticentralização nos olhos" e necessariamente crítica da percepção e do pensamento ocidental centrado nos olhos, que se desenvolveu na tradição intelectual francesa do século XX, é profundamente analisada por Martin Jay em seu livro *Downcast Eyes – The Denigration of Vision in Twentieth-Century French Thought*[22]. O escritor investiga o desenvolvimento da cultura centrada na visão, passando por campos tão diversos como a invenção da imprensa, a luz artificial, a fotografia, a poesia visual e a nova experiência do tempo. Por outro lado, ele analisa as posições antioculares de muitos dos escritores seminais da França, como Henri Bergson, Georges Bataille, Jean-Paul Sartre, Maurice Merleau-Ponty, Jacques Lacan, Louis Althusser, Guy Debord, Roland Barthes, Jacques Derrida, Luce Irigaray, Emmanuel Levinas e Jean-François Lyotard.

Sartre era francamente hostil ao sentido da visão, ao ponto da ocularfobia; sua obra contém cerca de sete mil referências ao "olhar"[23]. Ele se preocupava com o "olhar objetivador do outro, e o 'vislumbre de medusa' [que] 'petrifica' tudo com o qual entra em contato"[24]. Para Sartre, o espaço superou o tempo na consciência humana, como consciência da priorização dos olhos[25]. Esse inverso da importância relativa de acordo com as noções de espaço e tempo tem importantes repercussões, no nosso entendimento, dos processos físicos e históricos. Os conceitos predominantes de espaço e tempo e suas inter-relações formam um paradigma essencial para a arquitetura, como Siedfried Giedion afirmou em sua história ideológica seminal da arquitetura moderna, *Space, Time and Architecture*[26].

Maurice Merleau-Ponty lançou uma crítica incessante do "regime escópico perspectivalista e cartesiano" e de "seu privilégio a um tema aistórico, desinteressando e incorpóreo totalmente desvinculado do mundo"[27]. Toda sua obra de filosofia foca na percepção em geral e na visão, em particular. Porém, em vez do olho cartesiano do espectador externo, o sentido da visão de Merleau-Ponty é uma visão corporificada que é parte encarnada da "carne do mundo"[28]. "Nosso corpo é tanto um objeto entre outros quanto um objeto que os vê e toca"[29]. Merleau-Ponty via uma relação osmótica entre a individualidade e o mundo – elas se interpenetram e se definem – e enfatizava a simultaneidade e interação dos sentidos. "Minha percepção é [portanto] não uma soma de pressupostos visuais, táteis e auditivos: eu percebo de maneira total com todo meu ser: eu abarco uma estrutura única da coisa, um modo único de ser, o qual fala com todos meus sentidos ao mesmo tempo", ele escreve[30].

Martin Heidegger, Michel Foucault e Jacques Derrida também afirmaram que o pensamento e a cultura da modernidade não apenas têm dado continuidade ao privilégio histórico da visão, mas exacerbado suas tendências negativas. Cada um dos escritores, de sua maneira, considerou o predomínio da visão na era contemporânea distinto daquele de épocas passadas. Na nossa era, a hegemonia da visão tem sido reforçada pelas incontáveis invenções tecnológicas e a infinita multiplicação e produção de imagens – "uma incessante chuva de imagens", como chama Italo Calvino[31]. "O evento fundamental da era moderna é a conquista do mundo como fotografia", escreve Heidegger[32]. A especulação do filósofo sem dúvida se materializou em nossa época de imagens fabricadas, produzidas em massa e manipuladas.

O olho tecnologicamente expandido e reforçado hoje penetra fundo na matéria e no espaço e torna o homem capaz de lançar um olhar simultâneo em lados opostos do globo terrestre. As experiências de espaço e tempo têm se fundido pela velocidade (David Harvey usa a noção de "compressão tempo-espaço"[33]) e, como consequência, estamos testemunhando uma inversão distinta das duas dimensões – uma temporalização do espaço e uma espacialização do tempo. O único sentido que é suficientemente rápido para acompanhar o aumento assombroso da velocidade do mundo tecnológico é a visão. Porém, o mundo dos olhos está fazendo com que vivamos cada vez mais em um presente perpétuo, oprimidos pela velocidade e simultaneidade.

As imagens visuais se tornaram mercadorias, como ressalta Harvey: "Uma avalanche de imagens de diferentes espaços que chega quase simultaneamente, sobrepondo os espaços do mundo em uma série de imagens na tela de um televisor... A imagem dos lugares e espaços se torna tão suscetível a produção e ao uso efêmero quanto qualquer outra [mercadoria]"[34].

A destruição radical da construção herdada da realidade nas últimas décadas tem, sem dúvida, resultado em uma crise da representação. Podemos até mesmo identificar certa histeria com pânico na representação das artes em nossa época.

O olho narcisista e niilista

Na opinião de Heidegger, a hegemonia da visão primeiramente nos trouxe visões gloriosas, mas nos tempos modernos tem se tornado cada vez mais niilista. Hoje, a observação de Heidegger de um olho niilista é particularmente instigante; muitos dos projetos de arquitetura dos últimos 20 anos, tornados famosos pela imprensa internacional da arquitetura, apresentam características narcisistas e niilistas.

O olho hegemônico busca o domínio sobre todos os campos da produção cultural, e parece enfraquecer nossa capacidade de empatia, compaixão e participação no mundo. O olho narcisista vê a arquitetura como um meio de autoexpressão e como um jogo intelectual e artístico desvinculado de associações mentais e societárias, enquanto o olho niilista deliberadamente promove o isolamento e a alienação sensoriais e mentais. Em vez de reforçar a experiência do mundo integrada e centrada no corpo, a arquitetura niilista desconecta e isola o corpo, e, em vez de tentar reconstruir a ordem cultural, torna impossível uma leitura da significação coletiva. O mundo se torna uma jornada visual hedonista, mas insignificante. É evidente que apenas o distanciamento e a sensação de desconexão da visão permitem uma visão niilista; é impossível se pensar em um sentido niilista do tato, por exemplo, devido às inevitáveis proximidade, intimidade, veracidade e identificação trazidas pelo tato. Também existem o olho sádico e o olho masoquista, e seus instrumentos nos campos das artes contemporâneas e da arquitetura podem ser identificados.

A atual produção industrial em massa do imaginário visual tende a afastar a visão do envolvimento emocional e da identificação, e a tornar o imaginário em um fluxo hipnótico sem foco ou participação. Michel de Certeau percebe a expansão da esfera ocular de modo extremamente negativo: "Da televisão aos jornais, da publicidade a todos os tipos de epifanias mercantis, nossa sociedade é caracterizada por um crescimento cancerígeno da visão, medindo tudo por sua capacidade de mostrar ou ser mostrado e transformando a comunicação em uma jornada visual"[35]. A difusão cancerosa de um imaginário arquitetônico superficial de hoje, destituído de lógica tectônica e senso de materialidade e empatia é, sem dúvida, parte desse processo.

Espaço oral *versus* espaço visual

Mas o homem nem sempre foi dominado pela visão. De fato, o domínio primordial da audição foi gradualmente substituído pelo da visão. Os textos de antropologia descrevem numerosas culturas nas quais nossos sentidos privativos do olfato, paladar e tato continuam tendo importância coletiva no comportamento e na comunicação. As funções dos sentidos na utilização do espaço coletivo e pessoal de várias culturas foi o tema do livro seminal de Edward T. Hall, *The Hidden Dimension*, que, infelizmente, parece ter sido esquecido pelos arquitetos[36]. Os importantes estudos de Hall sobre o espaço pessoal fornecem *insights* significativos sobre aspectos instintivos e inconscientes de nossa relação com o espaço e nosso uso inconsciente do espaço na comunicação comportamental. Os *insights* do autor também servem como base para o projeto de espaços funcionais intimistas e bioculturais.

Walter J. Ong analisa a transição da cultura oral para a escrita e seu impacto na consciência humana e no sentido de coletividade em seu livro

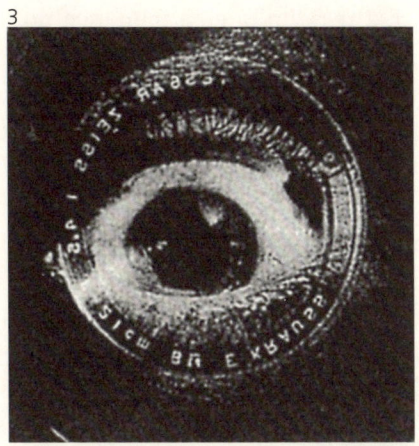

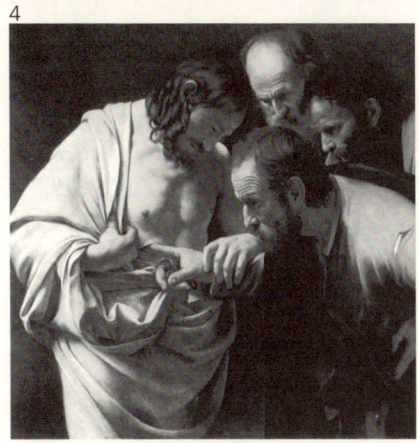

O FORÇA E A FRAQUEZA DOS OLHOS

3
Especialmente nos tempos modernos, a visão tem sido reforçada por inúmeras invenções tecnológicas. Hoje conseguimos ver tanto dentro dos segredos da matéria como na imensidão do espaço sideral.

O visor da câmara fotográfica, do filme *O Homem com Uma Câmera*, de Dziga Vertov, 1929. Pormenor. ©2005 The Museum of Modern Art, Nova York/Scala, Florença

4
Apesar de nossa preferência pelos olhos, a observação visual muitas vezes precisa ser confirmada pelo tato.

Caravaggio, *A Incredulidade de São Tomás*, 1601–2. Pormenor, Neues Palais, Potsdam.

© Stiftung Preussische Schlösser und Gärten, Berlin-Brandenburg

Orality & Literacy[37]. Ele ressalta que "a mudança do discurso oral para o escrito foi essencialmente uma transição do espaço sonoro para o visual[38], e que "a imprensa substituiu a longa dominância da audição no mundo do pensamento e da expressão pela dominância da visão, que teve seu início na escrita"[39]. Segundo Ong, "[esse] é um mundo insistente de fatos frios e não humanos"[40].

Ong analisa as mudanças que a transição de uma cultura essencialmente oral para a cultura da palavra escrita (e posteriormente impressa) acarretou na consciência, na memória e na compreensão do espaço do ser humano. Ele afirma que à medida que a dominância da audição deu lugar à dominância da visão, o pensamento situacional foi substituído pelo pensamento abstrato. Para o escritor, essa mudança fundamental na percepção e na compreensão do mundo parece irreversível: "Embora as palavras sejam embasadas no discurso oral, a escrita as prende ao campo visual de forma tirânica e eterna... uma pessoa alfabetizada jamais resgatará o sentido que a palavra tem para aqueles puramente orais"[41].

Na verdade, a hegemonia inquestionável dos olhos talvez seja um fenômeno bastante recente, apesar de suas origens no pensamento e na ótica da Grécia Antiga. Segundo a visão de Lucien Febvre: "O século XVI não via, no início: ele ouvia e cheirava, farejava o ar e captava sons. Foi apenas posteriormente que ele se envolveu de maneira séria e ativa com a geometria, voltando sua atenção para o mundo das formas, com Kepler (1571–1630) e Desargues de Lyon (1593–1662). Foi então que a visão foi libertada para o mundo da ciência como já era no mundo das sensações físicas, assim como no mundo da beleza"[42]. Robert Mandrou traça um argumento paralelo: "A hierarquia [dos sentidos] não era a mesma [do século XX], pois o olho, que hoje domina, se encontrava em terceiro lugar, atrás da audição e do tato, e muito depois deles. O olho que organiza, classifica e ordena não era o órgão favorito da época, mas sim o ouvido"[43].

A hegemonia gradualmente obtida pelos olhos parece ter paralelo com o desenvolvimento da consciência do ego e o paulatino afastamento do indivíduo do mundo; a visão nos separa do mundo, enquanto os outros sentidos nos unem a ele.

A expressão artística se relaciona com os significados pré-verbais do mundo, significados que são incorporados e vivenciados, em vez de meramente entendidos de modo intelectual. No meu ponto de vista, a poesia tem a capacidade de nos devolver momentaneamente ao mundo oral que nos envolve. A palavra reoralizada da poesia nos devolve ao centro do mundo interior. "O poeta fala no limiar do ser", como observa Gaston Bachelard[44], mas isso também se dá no limiar da linguagem. Da mesma maneira, a tarefa da arte e da arquitetura, em geral, é reconstruir a experiência de um mundo interior indiferenciado, no qual não somos meros espectadores, mas ao qual pertencemos de modo indissolúvel. Nas obras de arte, a compreensão existencial advém do nosso próprio encontro com o mundo e do nosso estar-no-mundo – ela não é conceitualizada ou intelectualizada.

A arquitetura da retina e a perda da plasticidade

É evidente que a arquitetura das culturas tradicionais também está intimamente vinculada ao conhecimento tátil do corpo, em vez de ser dominada pela visão e conceitualização. A construção em culturas tradicionais é orientada pelo corpo do mesmo modo que um passarinho dá forma a seu ninho movendo seu corpo. As obras de arquitetura autóctones em argila ou barro, de várias partes do mundo, parecem nascer dos sentidos musculares e táteis, mais do que dos olhos. Podemos inclusive identificar a transição da construção autócne da esfera tátil para o controle da visão como uma perda de plasticidade, da intimidade e da sensação de fusão total características dos contextos de culturas nativas.

O predomínio do sentido da visão observado anteriormente na filosofia é igualmente evidente no desenvolvimento da arquitetura ocidental. A arquitetura grega, com seus recursos requintados de correções óticas, já era extremamente refinada para o prazer dos olhos. Contudo, a predileção da visão não implica necessariamente a rejeição dos demais sentidos, como a sensibilidade do tato, a materialidade e o peso peremptório da arquitetura grega clássica comprovam; os olhos convidam e estimulam as sensações musculares e táteis. O sentido da visão pode incorporar e até mesmo reforçar outras modalidades sensoriais; o ingrediente tátil inconsciente que existe na visão é particularmente importante e muito presente na arquitetura histórica, mas extremamente negligenciado na arquitetura de nossa época.

A teoria da arquitetura ocidental desde Leon Battista Alberti tem se envolvido principalmente com as questões de percepção visual, harmonia e proporções. A afirmativa de Alberti de que "a pintura nada mais é que a interseção da pirâmide visual que segue determinada distância, um centro fixo e certa iluminação" resume o paradigma da perspectiva que também se tornou o instrumento do pensamento da arquitetura[45]. Novamente, devemos enfatizar que o foco consciente na mecânica da visão não resultou automaticamente na rejeição deliberada dos outros sentidos antes da nossa era das imagens visuais onipresentes. Os olhos conquistam seu papel hegemônico na prática da arquitetura, tanto consciente quanto inconscientemente apenas de modo gradual, com a ideia de que há um observador incorpóreo. O observador se torna desvinculado de uma relação carnal com o ambiente pela supressão dos outros sentidos, especialmente por meio das extensões tecnológicas da visão e da proliferação de imagens. Como afirma Marx W. Wartofsky: "a visão humana em si é um artefato, produzido por outros artefatos, que são as fotografias"[46].

O sentido dominante da visão aparece muito forte nos escritos dos modernistas. Assertivas de Le Corbusier, como: "Eu existo na vida apenas se posso ver"[47]; "Eu sou e permaneço um visual convicto – tudo está no visual"[48]; "É preciso ver claramente para que se possa entender"[49]; "... Eu insisto que vocês *abram os olhos*. Vocês abrem os olhos? Vocês foram treinados para abrir os olhos? Vocês sabem abrir os olhos, vocês os abrem frequentemente, sempre, e bem?[50]; "O homem vê a criação da arquitetura com seus olhos, que estão a 1 metro e 70 centímetros do solo[51]; e "A arquitetura é uma coisa plástica. Chamo de 'plástico' aquilo que é visto e medido pelos olhos"[52] – deixam muito evidentes a predileção dos olhos na teoria dos primeiros modernistas. Declarações posteriores de Walter Gropius – "Ele [o projetista] tem de adaptar o conhecimento dos fatos científicos da ótica e assim obter uma base teórica que guiará a mão que dá forma e criará uma base objetiva"[53] – e de Laszlo Moholy-Nagy – "A higiene do ótico, a saúde do visível se infiltra aos poucos"[54] – confirmam o papel central da visão no pensamento modernista.

A famosa máxima de Le Corbusier, "A arquitetura é o jogo sábio, correto e magnífico dos volumes reunidos sob a luz"[55]*, define de maneira inquestionável a arquitetura dos olhos. Le Corbusier, no entanto, tinha um talento artístico enorme e mãos que moldavam, bem como um senso tremendo de materialidade, plasticidade e gravidade, os quais evitavam que sua arquitetura caísse no redutivismo sensorial. Apesar das exclamações

---

* N. de T.: Le Corbusier, *Por Uma Arquitetura*, Perspectiva (São Paulo), 2000, p.13.

A SUPRESSÃO DA VISÃO – A FUSÃO DA VISÃO COM A TATILIDADE

5

Em estados emocionais muito intensos ou pensamentos profundos, a visão costuma ser reprimida.

René Magritte, *Os Amantes*, 1928. Pormenor. Richard S. Zeisler Collection, New York.

Magritte © ADAGP, Paris and DACS, London 2005

6

A visão e o tato se fundem em uma experiência real vivenciada.

Herbert Bayer, *O Metropolitano Solitário*, 1932. Pormenor.

Bayer © DACS 2005

cartesianas e centradas na visão de Le Corbusier, em sua obra as mãos tinham um papel tão fetichista quanto os olhos. Um elemento vigoroso da tatilidade está presente nos croquis e nas pinturas do grande mestre, e essa sensibilidade tátil é incorporada em sua consideração da arquitetura. Contudo, sua tendência redutivista se torna devastadora em seus projetos de urbanismo.

Na arquitetura de Mies van der Rohe predomina uma percepção perspectiva frontal, mas sua sensibilidade única para ordem, estrutura, peso, detalhe e trabalho artesanal enriquece de forma decisiva o paradigma visual. Além disso, uma obra de arquitetura se torna excelente precisamente em função de suas intenções e alusões opostas e contraditórias e seus impulsos inconscientes para que o trabalho se abra para a participação emocional do observador. "Em todos os casos, devemos alcançar uma solução simultânea de opostos", escreveu Alvar Aalto[56]. Em geral, as afirmativas verbais de artistas e arquitetos não devem ser levadas à risca, pois muitas vezes elas meramente representam uma racionalização superficial e consciente ou uma defesa que pode muito bem estar em clara contradição com as intenções mais profundas e inconscientes que precisamente conferem força vital à obra desse artista.

Com a mesma clareza, o paradigma visual é a condição prevalente no planejamento urbano, das cidades ideais da Renascença aos princípios funcionalistas de zoneamento e planejamento que refletem a "higiene do ótico". Em particular, a cidade contemporânea é cada vez mais a cidade dos olhos, desvinculada do corpo pelo movimento motorizado rápido ou pela efêmera imagem que temos de um avião. Os processos de planejamento têm favorecido a idealização e a descorporificação dada pelos olhos cartesianos que controlam e isolam; os planos urbanísticos são visões extremamente idealizadas e esquematizadas vistas por meio do *le regard surplombant* (a vista de cima), como definiu Jean Starobinski[57], ou pelo "olho da mente" de Platão.

Até recentemente, a teoria e a crítica da arquitetura se dedicavam quase que exclusivamente aos mecanismos da visão e da expressão visual. A percepção e a experiência da forma arquitetônica na maioria das vezes eram analisadas com o uso das leis de percepção visual da *gestalt*. Da mesma maneira, a filosofia da pedagogia tem entendido a arquitetura principalmente em termos de visão, enfatizando a construção de imagens visuais e tridimensionais do espaço.

Uma arquitetura de imagens visuais

A predileção pelos olhos nunca foi tão evidente na arte da arquitetura como nos últimos 30 anos, nos quais tem predominado um tipo de obra que busca imagens visuais surpreendentes e memoráveis. Em vez de uma experiência plástica e espacial embasada na existência humana, a arquitetura tem adotado a estratégia psicológica da publicidade e da persuasão instantânea; as edificações ser tornaram produtos visuais desconectados da profundidade existencial e da sinceridade.

David Harvey relaciona "a perda da temporalidade e o desejo de impacto instantâneo" na expressão contemporânea à perda da profundidade existencial[58]. Frederic Jameson usa a noção de "superficialidade planejada" para descrever a condição cultural contemporânea e "sua fixação nas aparências, nas superfícies e nos impactos instantâneos que não têm poder de retenção ao longo do tempo"[59].

Como consequência da avalanche atual de imagens, a arquitetura de nossa época frequentemente parece ser uma mera arte da retina, do olho, completando um ciclo epistemológico que começou com o pensamento e a arquitetura da Grécia Antiga. Mas a mudança vai além da mera dominância visual; em vez de ser um encontro corporal de situações, a arquitetura se tornou uma arte da imagem impressa fixada pelo visor apressado da câmera fotográfica. Na nossa cultura da fotografia, o olhar intenso é arrasado em uma imagem bidimensional e perde sua plasticidade. Em vez de experimentar nossa existência no mundo, a contemplamos do lado de fora, como espectadores de imagens projetadas na superfície da retina. David Michael Levin usa o termo "ontologia frontal" para descrever a visão frontal, fixa e focada[60].

Susan Sontag fez observações interessantes sobre o papel da imagem fotográfica na nossa percepção de mundo. Ela escreveu, por exemplo, sobre uma "mentalidade que observa o mundo como um conjunto de possíveis fotografias"[61] e afirma que "a realidade cada vez mais parece o que a câmara de fotografia nos mostra"[62] e que "a onipresença das fotografias tem um efeito incalculável em nossa sensibilidade ética. Ao preencher esse mundo já superpovoado com outro duplicado pelas imagens, a fotografia nos faz sentir como se o mundo estivesse mais disponível do que na realidade está"[63].

À medida que as edificações perdem sua plasticidade e sua conexão com a linguagem e a sabedoria do corpo humano, elas se tornam isoladas no frio e distante reino da visão. Com a perda da tatilidade, das medidas e dos detalhes elaborados para o corpo humano – e particularmente para as mãos – as edificações se tornam repulsivamente planas, agressivas, imateriais e irreais. A desconexão da construção das realidades da matéria e do ofício humano transforma ainda mais a arquitetura em cenários teatrais para os olhos, em uma espécie de cenografia destituída da autenticidade da matéria e da construção. A sensação de "aura", a autoridade da presença, que Walter Benjamin considera uma característica necessária a uma obra de arte autêntica, se perdeu. Esses produtos da tecnologia instrumentalizada escondem seus processos tectônicos, surgindo como aparições fantasmagóricas. A crescente popularização do vidro refletivo na arquitetura reforça a sensação de sonho, de irrealidade e alienação. A transparência opaca e contraditória desses prédios reflete nosso olhar, devolvendo-o sem afetá-lo ou deslocá-lo; somos incapazes de ver ou imaginar a vida que se desenrola por trás de suas paredes. O espelho arquitetônico, que devolve nosso olhar e duplica o mundo, é um recurso enigmático e assustador.

Materialidade e temporalidade

A superficialidade da construção padrão de hoje é reforçada por um senso enfraquecido de materialidade. Os materiais naturais – pedra, tijolo e madeira – deixam que nossa visão penetre em suas superfícies e permitem que nos convençamos da veracidade da matéria. Os materiais naturais expressam sua idade e história, além de nos contar suas origens e seu histórico de uso pelos humanos. Toda a matéria existe em um *continuum* temporal; a pátina do desgaste leva a experiência enriquecedora do tempo aos materiais de construção. Já os materiais industrializados atuais – chapas de vidro sem escala, metais esmaltados e plásticos sintéticos – tendem a apresentar suas superfícies inflexíveis aos nossos olhos sem transmitir sua essência material ou sua idade. Os prédios de nossa era tecnológica em geral visam de maneira deliberada à perfeição atemporal e não incorporam a dimensão do tempo ou o processo

7

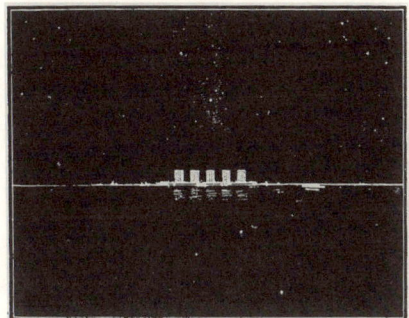

8

A CIDADE DOS OLHOS – A CIDADE TÁTIL

7

A cidade contemporânea é a cidade dos olhos, do distanciamento e da exterioridade.

Linha do horizonte proposta por Le Corbusier para Buenos Aires – croqui de uma palestra proferida em Buenos Aires em 1929.

©FLC/ADAGP, Paris and DACS, London, 2005

8

A cidade tátil é a cidade da intimidade e proximidade.

A cidade de Casares, em uma colina do sul da Espanha.

Fotografia de Juhani Pallasmaa

inevitável e mentalmente importante do envelhecimento. Esse temor dos traços do desgaste e da idade se relaciona com nosso medo da morte.

A transparência e as sensações de ausência de peso e de flutuação são temas fundamentais para a arte e a arquitetura modernas. Nas últimas décadas, surgiu um novo imaginário da arquitetura, que emprega reflexos, graduações de transparência, sobreposições e justaposições para criar uma sensação de espessura espacial, além de sensações sutis e dinâmicas de movimento e luz. Essa nova sensibilidade promete uma arquitetura que pode transformar a imaterialidade e a falta de peso relativas da recente construção com alta tecnologia em uma experiência positiva de espaço, lugar e significado.

O enfraquecimento da experiência do tempo nos ambientes atuais tem efeitos mentais devastadores. Segundo as palavras do terapeuta norte-americano Gotthard Booth, "nada dá ao homem mais satisfação do que a participação em processos que ultrapassem o período de uma vida individual"[64]. Temos uma necessidade mental de sentir que estamos arraigados à continuidade do tempo, e no mundo feito pelo homem compete à arquitetura facilitar essa experiência. A arquitetura domestica o espaço sem limites e nos permite habitá-lo, mas ela também deve domesticar o tempo infinito e nos permitir habitar no *continuum* do tempo.

O exagero atual da ênfase nas dimensões intelectual e conceitual da arquitetura contribui para o desaparecimento de sua essência física, sensorial e corporal. A arquitetura contemporânea que finge ser vanguardista muitas vezes está mais envolvida com o discurso da arquitetura propriamente dito e com o mapeamento de territórios marginais possíveis para a arte do que com a resposta às questões existenciais humanas. Esse foco redutivista resulta em uma sensação de autismo arquitetônico, um discurso internalizado e autônomo que não se baseia em nossa realidade existencial compartilhada.

Além da arquitetura, a cultura contemporânea em geral tende lentamente ao distanciamento, a uma espécie de dessensualização e de-erotização assustadoras da relação humana com a realidade. A pintura e a escultura também parecem estar perdendo sua sensualidade; em vez de convidar para uma intimidade sensorial, as obras de arte contemporâneas frequentemente sinalizam uma rejeição distanciadora da curiosidade e do prazer sensual. Essas obras de arte falam para o intelecto e para nossas habilidades de conceitualização em vez de se voltarem para nossos sentidos e respostas corporais indiferenciadas. O bombardeio incessante do imaginário não relacionado leva a um esvaziamento gradual do conteúdo emocional das imagens. As imagens são convertidas em mercadorias infinitas fabricadas para postergar o tédio; os próprios seres humanos são mercantilizados, se consumindo de modo indiferente, sem ter a coragem ou mesmo a possibilidade de confrontar sua própria realidade existencial. Somos feitos para viver em um mundo de sonhos fabricado.

Minha intenção não é expressar uma visão conservadora da arte contemporânea, à maneira do livro instigante, embora perturbadora, de Hans Sedlmayr, *Art in Crisis*[65]. Estou meramente sugerindo que tem ocorrido uma mudança distinta na nossa experiência sensorial e perceptual do mundo, a qual é refletida pela arte e pela arquitetura. Se desejamos que a arquitetura tenha um papel emancipador ou curador, em vez de apenas reforçar a erosão do significado existencial, devemos refletir sobre a diversidade de meios secretos pelos quais a arte da arquitetura está vinculada à realidade cultural e mental de nossa época. Também devemos estar cientes sobre as maneiras nas quais a viabilidade da arquitetura está sendo ameaçada ou marginalizada pelas transformações políticas, culturais, econômicas, cognitivas e perceptuais da atualidade. A arquitetura se tornou uma forma de arte ameaçada de extinção.

A rejeição da janela de Alberti

Naturalmente, o olho humano propriamente dito não permaneceu na construção monocular e fixa definida pelas teorias renascentistas da perspectiva. O olho hegemônico tem conquistado novos territórios de percepção e expressão visual. As pinturas de Hieronymus Bosch e Pieter Bruegel, por exemplo, já convidavam o olho participativo para viajar em suas cenas de eventos múltiplos. Os quadros holandeses da vida burguesa do século XVII apresentavam cenas casuais e objetos do dia a dia que iam muito além dos limites da janela albertina. As pinturas barrocas abriram nossa visão, com seus limites imprecisos, focos suaves e perspectivas múltiplas, fazendo um convite distinto e tátil e chamando o corpo humano para uma viagem no espaço ilusório.

Uma linha essencial na evolução para a modernidade foi a liberação do olho da epistemologia da perspectiva cartesiana. As pinturas de Joseph Mallord William Turner continuaram a eliminação do enquadramento e do ponto de observação que havia sido iniciada no Período Barroco; os impressionistas abandonaram a linha divisória, equilibrando o enquadramento e a profundidade da perspectiva. Paul Cézanne ansiava "tornar visível como o mundo nos toca"[66]; os cubistas abandonaram o ponto focal único, resgataram a visão periférica e reforçaram a experiência tátil, enquanto os pintores de paisagens coloridas rejeitaram a profundidade ilusória para reforçar a presença da própria pintura como um artefato icônico e uma realidade autônoma. Os artistas da Land Art fundiram a realidade da obra com aquela do mundo vivenciado; e, por fim, artistas como Richard Serra abordaram diretamente o corpo, bem como nossas experiências de horizontalidade e verticalidade, materialidade, gravidade e peso.

A mesma contracorrente à hegemonia e ao olho da perspectiva tem ocorrido na arquitetura moderna, a despeito da posição culturalmente privilegiada da visão. A arquitetura cinestética e de texturas de Frank Lloyd Wright, os prédios musculares e táteis de Alvar Aalto e a arquitetura da geometria e gravidade de Louis Kahn são exemplos particularmente significativos dessa realidade.

Uma nova visão e o equilíbrio sensorial

Livre do desejo implícito que os olhos têm de controlar e dominar, talvez seja justamente a visão afocal de nossa época que é novamente capaz de nos levar a novas esferas da visão e do pensamento. A perda de foco trazida pela corrente de imagens talvez possa emancipar o olho de sua dominação patriarcal e permitir o surgimento de um olhar participativo e empático. As extensões tecnológicas dos sentidos até agora têm reforçado a primazia da visão, mas é possível que as novas tecnologias ajudem "o corpo [...] a destronar o olhar desinteressado do espectador cartesiano desencarnado"[67].

Martin Jay observa: "Em oposição à forma lúcida, linear, sólida, fixa, planimétrica e fechada da Renascença... o Barroco era pictórico, recessivo, etéreo, múltiplo e aberto"[68]. Ele também afirma que a experiência visual barroca tem uma característica extremamente tátil que evita sua transformação na centralização nos olhos de seu rival perspectivista cartesiano"[69].

A experiência tátil parece estar mais uma vez penetrando no regime ocular por meio da presença tátil do imaginário visual moderno. Em um videoclipe, por exemplo, ou na transparência urbana com várias camadas, não podemos interromper o fluxo de imagens para observação analítica; em vez

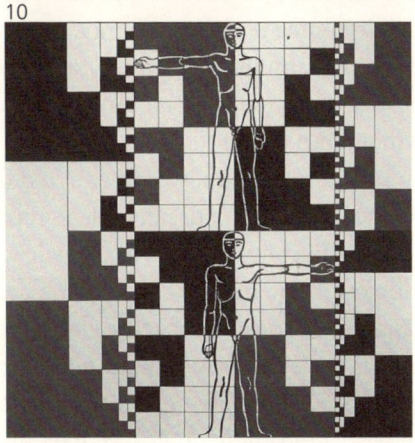

A ARQUITETURA E A FIGURA HUMANA

9

Tendemos a interpretar uma edificação como uma analogia de nosso corpo e vice-versa.

As cariátides do Erecteion, na Acrópole de Atenas (421–405 a.C.)

© Copyright The Trustees of the British Museum

10

Desde as dinastias do Egito Antigo, as dimensões do corpo humano eram usadas na arquitetura. A tradição antropocêntrica tem sido praticamente esquecida nos tempos modernos.

O estudo de um sistema de proporções para a arquitetura feito por Aulis Blomstedt, baseado na subdivisão pitagórica de um módulo de 180 cm (supostamente do início da década de 1960).

The Aulis Blomstedt Estates/S. Blomstedt.

disso temos de apreciar o que vemos como uma sensação tátil aprimorada, de modo similar à maneira que um nadador sente a água fluindo sobre sua pele.

Em seu livro abrangente e provocante, *The Opening of Vision: Nihilism and the Postmodern Situation*, David Michael Levin distingue entre dois modos de visão: "o olhar assertivo" e "o olhar alético"[70]. Em sua opinião, o olhar assertivo é estreito, dogmático, intolerante, rígido, inflexível, exclusivo e imóvel, enquanto o olhar alético, associado com os pontos de vista e as perspectivas, é múltiplo, pluralista, democrático, contextual, inclusivo, horizontal e zeloso[71]. Como sugere Levin, há sinais de que um novo modo de olhar esteja emergindo.

Embora as novas tecnologias tenham reforçado a hegemonia da visão, elas também podem ajudar a reequilibrar as esferas dos sentidos. Na opinião de Walter Ong, "com o telefone, o rádio, a televisão e os vários tipos de fitas de áudio, a tecnologia eletrônica nos trouxe para a era da 'oralidade secundária'. Essa nova oralidade tem similitudes impressionantes com a antiga oralidade, devido à sua mística participativa, sua promoção do senso comunitário, sua concentração no momento presente..."[72]

"Nós, no mundo ocidental, estamos começando a descobrir nossos sentidos negligenciados. Essa crescente conscientização representa, de certa maneira, uma insurgência tardia contra a dolorosa privação da experiência sensorial que temos sofrido em nosso mundo tecnológico", escreve o antropólogo Ashley Montagu[73]. Essa nova conscientização é atualmente vigorosamente projetada por inúmeros arquitetos de todo o mundo, os quais estão tentando resensualizar a arquitetura por meio de um senso reforçado de materialidade e tatilidade, textura e peso, densidade do espaço e da luz materializada.

Parte 2

Como sugere a breve análise precedente, a predileção pelo sentido da visão em relação aos demais sentidos é inegável no pensamento ocidental, além de também ser uma tendência evidente na arquitetura de nosso século. É claro que a transformação negativa da arquitetura é necessariamente sustentada por forças e padrões de gerenciamento, organização e produção, bem como pelo impacto abstrativo e universalista da própria racionalização tecnológica. As alterações negativas na esfera dos sentidos também não podem ser diretamente atribuídas ao privilégio histórico dado ao sentido da própria visão. A ideia de que a visão é o nosso sentido mais importante está bem arraigada em fatos fisiológicos, perceptuais e psicológicos[74]. O problema advém do isolamento dos olhos de sua interação com as outras modalidades sensoriais e da eliminação e supressão dos demais sentidos, o que cada vez mais reduz e restringe a experiência de mundo à esfera exclusiva da visão. Essa separação e redução fragmentam a complexidade, a abrangência e a plasticidade inatas do sistema sensorial, reforçando uma sensação de isolamento e alienação.

Nesta segunda parte, analisarei as interações dos sentidos e apresentarei algumas impressões pessoais das esferas dos sentidos na expressão e experiência da arquitetura. Neste ensaio, revelo uma arquitetura sensorial em resposta ao entendimento visual dominante na arte de edificar.

O corpo no centro

Eu confronto a cidade com meu corpo; minhas pernas medem o comprimento da arcada e a largura da praça; meus olhos fixos inconscientemente projetam meu corpo na fachada da catedral, onde ele perambula sobre molduras e curvas, sentindo o tamanho de recuos e projeções; meu peso encontra a massa da porta da catedral e minha mão agarra a maçaneta enquanto mergulho na escuridão do interior. Eu me experimento na cidade; a cidade existe por meio de minha experiência corporal. A cidade e meu corpo se complementam e se definem. Eu moro na cidade, e a cidade mora em mim.

A filosofia de Merleau-Ponty torna o corpo humano o centro do mundo das experiências. Ele afirmou de modo consistente, como resume Richard Kearney, que "[é] por meio de nossos corpos, como centros vivos de intenções... que escolhemos nosso mundo e nosso mundo nos escolhe"[75]. Nas próprias palavras de Merleau-Ponty, "Nosso próprio corpo está no mundo, como o coração está em nosso organismo: ele mantém o espetáculo visível constantemente vivo, ele sopra vida para dentro e o sustenta de fora para dentro; juntos eles formam um sistema"[76]; e [a] experiência dos sentidos é instável e alheia à percepção natural, a qual alcançamos com todo nosso corpo de uma só vez e nos propicia um mundo de sentidos inter-relacionados"[77].

As experiências sensoriais se tornam integradas por meio do corpo, ou melhor, na própria constituição do corpo e no modo humano de ser. A teoria psicanalítica introduziu a noção de imagem ou esquema corporal como o centro de integração. Nossos corpos e movimentos estão em constante interação com o ambiente; o mundo e a individualidade humana se redefinem um ao outro constantemente. A percepção do corpo e a imagem do mundo se tornam uma experiência existencial contínua; não há corpo separado de seu domicílio no espaço, não há espaço desvinculado da imagem inconsciente de nossa identidade pessoal perceptiva.

"A imagem do corpo... é profundamente afetada pelas experiências do tato e da orientação do início de nossas vidas. Nossas imagens visuais se desenvolvem posteriormente e, para que tenham significado, dependem de nossas experiências originais adquiridas tatilmente," afirmam Kent C. Bloomer e Charles W. Moore em seu livro *Body, Memory, and Architecture*, um dos primeiros estudos a investigar o papel do corpo e dos sentidos na experimentação da arquitetura[78]. Eles prosseguem: "O que falta em nossas moradias de hoje são as transações potenciais entre corpo, imaginação e ambiente"[79];... "Pelo menos até certo ponto qualquer lugar pode ser lembrado, em parte por ser único, mas também por ter afetado nossos corpos e produzido associações suficientes para que fosse impresso em nossos mundos pessoais"[80].

A experiência multissensorial

Um passeio na floresta é revigorante e saudável graças à interação constante de todas as modalidades de sentidos; Bachelard fala da "polifonia dos sentidos"[81]. Os olhos colaboram com o corpo e os demais sentidos. Nosso senso de realidade é reforçado e articulado por essa interação constante. A arquitetura é, em última análise, uma extensão da natureza na esfera antropogênica, fornecendo as bases para a percepção e o horizonte da experimentação e compreensão do mundo. Ela não é um artefato isolado e independente; ela direciona nossa atenção e experiência existencial para horizontes mais amplos. A arquitetura também dá uma estrutura conceitual e material às instituições societárias, bem como às condições da vida cotidiana. Ela concretiza o ciclo do ano, o percurso do sol e o passar das horas do dia.

Toda experiência comovente com a arquitetura é multissensorial; as características de espaço, matéria e escala são medidas igualmente por nossos olhos, ouvidos, nariz, pele, língua, esqueleto e músculos. A arquitetura reforça a experiência existencial, nossa sensação de pertencer ao mundo, e essa é essencialmente uma experiência de reforço da identidade pessoal. Em vez da mera visão, ou dos cinco sentidos clássicos, a arquitetura envolve diversas esferas da experiência sensorial que interagem e fundem entre si[82].

O psicólogo James J. Gibson considera os sentidos como mecanismos de busca agressiva, e não como meros receptores passivos. Ele não categoriza os sentidos nas cinco modalidades desvinculadas, mas sim como cinco sistemas sensoriais: sistema visual, sistema auditivo, sistema palato-olfativo, sistema de orientação básica e sistema tátil[83]. A filosofia de Steiner pressupõe que na verdade usamos nada menos do que 12 sentidos[84].

Os olhos querem colaborar com os outros sentidos. Todos os sentidos, inclusive a visão, podem ser considerados como extensões do sentido do tato – como especializações da pele. Eles definem a interface entre a pele e o ambiente – entre a interioridade opaca do corpo e a exterioridade do mundo. Na visão de René Spitz, "toda percepção começa na cavidade oral, que serve como a ponte primitiva da recepção interna à percepção externa"

[85]. Até mesmo os olhos tocam; o olhar fixo implica um toque inconsciente, uma mimese e identificação corporal. Como observa Martin Jay ao descrever a filosofia dos sentidos Merleau-Ponty, "com a visão, tocamos o sol e as estrelas"[86]. Antes de Merleau-Ponty, George Berkeley, um filósofo e clérigo irlandês do século XVIII, relacionou o tato à visão e supôs que a noção visual de materialidade, distância e profundidade espacial seriam absolutamente impossíveis sem a cooperação da memória tátil. Segundo Berkeley, a visão necessita da ajuda do tato, que fornece sensações de "solidez, resistência e protuberância"[87]; a visão desvinculada do tato não poderia "ter qualquer ideia de distância, exterioridade ou profundidade, e consequentemente, nem de espaço ou corpo"[88]. De acordo com o filósofo, Hegel afirmava que o único sentido que pode dar uma sensação de profundidade espacial é o tato, pois o tato "sente o peso, a resistência e a forma tridimensional (*gestalt*) dos corpos materiais, e, portanto, nos faz ciente de que as coisas se afastam de nós em todas as direções"[89].

A visão revela o que o tato já sabe. Poderíamos considerar o tato como o sentido inconsciente da visão. Nossos olhos acariciam superfícies, curvas e bordas distantes; é a sensação tátil inconsciente que determina se uma experiência é prazerosa ou desagradável. Aquilo que está distante ou perto é experimentado com a mesma intensidade, ambos se fundem em uma experiência coerente. Nas palavras de Merleau-Ponty:

> Vemos a profundidade, a suavidade, a maciez, a dureza dos objetos; Cézanne chegou a afirmar que via seus odores. Se o pintor deseja expressar o mundo, o arranjo de suas cores deve portar consigo esse todo indivisível, caso contrário seu quadro apenas conseguirá sugerir as coisas e não lhes dará a unidade imperativa, a presença, a plenitude insuperável que para nós é a própria definição daquilo que é real.[90]

Ao elaborar a ideia de Goethe de que uma obra de arte deve "intensificar a vida"[91], Bernard Berenson sugeriu que quando experimentamos uma obra de arte, imaginamos um encontro físico genuíno por meio de "sensações correlacionadas a um objeto". As mais importantes dessas sensações ele chamou de "valores táteis"[92]. Na sua opinião, uma obra de arte autêntica simula nossas sensações idealizadas de toque, e esse estímulo intensifica a vida. Conseguimos de fato sentir o calor da água da banheira das pessoas

A CIDADE DA PARTICIPAÇÃO – A CIDADE DA ALIENAÇÃO

11

A cidade do envolvimento sensorial.

Peter Bruegel, o Velho, Jogos de Crianças, 1560. Pormenor.

Kunsthistorisches Museum mit MVK und ÖTM, Viena

12

A cidade moderna, da privação sensorial.

A área comercial de Brasília, 1968

Fotografia de Juhani Pallasmaa

que se lavam nas pinturas de Pierre Bonnard, bem como sentimos o calor do sol e a brisa fresca das pinturas que Matisse fez de janelas com vistas para o mar.

Da mesma maneira, uma obra de arquitetura gera um todo indivisível de impressões. O encontro ao vivo com a Casa da Cascata, de Frank Lloyd Wright, funde em uma experiência totalizante e única a floresta do entorno com os volumes, as superfícies, as texturas e as cores da casa, e até mesmo os aromas da floresta e os sons do rio. Uma obra de arquitetura não é experimentada como uma coletânea de imagens visuais isoladas, e sim em sua presença material e espiritual totalmente corporificada. Uma obra de arquitetura incorpora e infunde estruturas tanto físicas quanto mentais. A frontalidade visual de um desenho de arquitetura desaparece na experiência real da edificação. A boa arquitetura oferece formas e superfícies moldadas para o toque prazeroso dos olhos. "Contornos e perfis (*modénature*) são a pedra de toque do arquiteto", disse Le Corbusier, revelando um ingrediente tátil em seu entendimento da arquitetura, de resto ocular[93].

As imagens de uma esfera sensorial aumentam o imaginário das outras modalidades de sentido. As imagens presenciais fazem emergir imagens da memória, das fantasias e dos sonhos. "[O] principal benefício de uma casa [é que] ela abriga nossos devaneios, a casa protege o sonhador, a casa permite que ele sonhe em paz," escreve Bachelard[94]. Porém, mais do que isso, um espaço de arquitetura enquadra, detém, reforça e foca nossos pensamentos, além de evitar que eles se percam. Podemos sonhar e sentir que estamos fora dele, mas precisamos da geometria da arquitetura de um cômodo para pensar com clareza. A geometria do pensamento reflete a geometria do cômodo.

Na obra *The Book of Tea*, Kakuzo Okakura nos oferece uma refinada descrição do imaginário multissensorial evocado pela singela cerimônia do chá: "A tranquilidade reina, sem nada que quebre o silêncio, exceto a nota da água fervente na chaleira de ferro. A chaleira canta bem, pois as peças de ferro de seu fundo estão distribuídas de modo a produzir uma melodia peculiar na qual se ouve os ecos de uma catarata abafados pelas nuvens, das distantes ondas do mar quebrando entre as rochas, da tempestade que se arremessa contra uma floresta de bambu ou do sussurro dos pinheiros em uma distante colina qualquer"[95]. Na descrição de Okakura o presente e o ausente, o próximo e o distante, o sentido e imaginado se fundem. O corpo não é uma mera entidade física; ele é enriquecido pela memória e pelos sonhos, pelo passado e pelo futuro. Edward S. Casey chega a afirmar que nossa capacidade de memória seria impossível sem uma memória corporal[96]. O mundo é refletido no corpo, e o corpo é projetado no mundo. Lembramo-nos por meio de nosso corpo, bem como de nosso sistema nervoso e nosso cérebro.

Os sentidos não apenas mediam as informações para o julgamento do intelecto; eles também são um meio de disparar a imaginação e articular o pensamento sensorial. Cada forma de arte elabora pensamentos metafísicos e existenciais com seus meios característicos e seu envolvimento sensorial. "Qualquer teoria da pintura é metafísica," na visão de Merleau-Ponty[97], mas essa assertiva também pode ser estendida ao próprio fazer a arte, pois toda pintura em si própria se baseia em pressupostos implícitos sobre a essência do mundo. "O pintor 'carrega seu corpo consigo', diz [Paul] Valéry. De fato, é impossível imaginar como uma mente poderia pintar," argumenta Merleau-Ponty[98].

Similarmente, é inconcebível que pudéssemos imaginar uma arquitetura puramente cerebral, que não fosse a projeção do corpo humano e de seu movimento no espaço. A arte da arquitetura também envolve questões metafísicas e existenciais relativas à condição humana. Fazer arquitetura exige pensamento claro, mas esse é um modo de pensar corporificado e específico que se dá por meio dos sentidos e do corpo humano, além, é claro, do meio específico da arquitetura. A arquitetura elabora e comunica ideias do confronto carnal do homem com o mundo por meio de "emoções plásticas"[99]. Na minha opinião, o mister da arquitetura é "tornar visível como o mundo nos toca", como Merleau-Ponty se referiu às pinturas de Cézanne[100].

A importância das sombras

O olho é o órgão da distância e da separação, enquanto o tato é o sentido da proximidade, intimidade e afeição. O olho analisa, controla e investiga, ao passo que o toque aproxima e acaricia. Durante experiências emocionais muito intensas, tendemos a barrar o sentido distanciador da visão; fechamos os olhos enquanto dormimos, ouvimos música ou acariciamos nossos amados.

As sombras profundas e a escuridão são essenciais, pois elas reduzem a precisão da visão, tornam a profundidade e a distância ambíguas e convidam a visão periférica inconsciente e a fantasia tátil.

Como as ruas de uma cidade antiga, com seus espaços alternados de escuridão e luz, são muito mais misteriosas e convidativas do que as ruas das cidades atuais, com sua iluminação tão forte e homogênea! A imaginação e a fantasia são estimuladas pela luz fraca e pelas sombras. Para que possamos pensar com clareza, a precisão da visão tem de ser reprimida, pois as ideias viajam longe quando nosso olhar fica distraído e não focado. A luz forte e homogênea paralisa a imaginação do mesmo modo que a homogeneização do espaço enfraquece a experiência da vida humana e arrasa o senso de lugar. O olho humano é mais adequado para enxergar no crepúsculo do que sob a luz forte do sol.

As névoas e o crepúsculo despertam a imaginação, pois tornam as imagens visuais incertas e ambíguas; uma pintura chinesa de uma paisagem montanhesa brumosa ou um jardim de areia japonês (o jardim zen Ryoan-ji) nos leva a um modo afocal de visão, provocando um estado de meditação ou transe. O olhar distraído penetra a superfície da imagem física e foca o infinito.

Em seu livro *In Praise of Shadows*, Junichiro Tanizaki observa que mesmo a culinária japonesa depende das sombras e que é inseparável da escuridão: "E quando *Y kan* é servido em um prato laqueado, é como se a escuridão do recinto estivesse derretendo na sua língua"[101]. O escritor nos lembra que, no passado, os dentes enegrecidos de uma gueixa e seus lábios verde escuro, somados à sua face pintada de branco formavam toda uma composição que enfatizava a escuridão e as sombras do ambiente.

Similarmente, a força extraordinária do foco de luz e sua presença nas pinturas de Caravaggio e Rembrandt surgem da profundidade da sombra na qual o protagonista está inserido, como um objeto precioso em um pano de fundo de veludo escuro, que absorve toda a luz. A sombra dá forma e vida ao objeto sob a luz. Ela também cria o ambiente no qual surgem as fantasias e os sonhos. Da mesma maneira, a arte do claro-escuro é um talento do mestre-arquiteto. Em espaços de arquitetura espetaculares, há uma respiração constante e profunda de sombras e luzes; a escuridão inspira e a iluminação expira a luz.

ARQUITETURAS DA AUDIÇÃO E DO OLFATO

13

Em cidades e espaços históricos, as experiências acústicas reforçam e enriquecem as experiências visuais.

A abadia cisterciense primitiva de Le Thoronet, fundada em Florielle em 1136, transferida em 1176 para o terreno onde hoje se encontra.

Fotografia de David Heald

14

Quando entramos em contato com lugares que nos proporcionam experiências ricas e revigorantes, todas as esferas sensoriais interagem e se fundem na imagem do lugar que guardaremos em nossas memórias.

Um lugar de aromas: o mercado de especiarias de Harrar, na Etiópia.

Fotografia de Juhani Pallasmaa

Nos dias atuais, a luz se tornou uma mera matéria quantitativa, e a janela perdeu sua importância como mediadora de dois mundos, entre fechado e aberto, interioridade e exterioridade, privado e público, sombra e luz. Uma vez que perdeu seu significado ontológico, a janela se transformou em uma mera ausência de parede. "Observe [...] o uso das enormes janelas com caixilhos fixos [...] elas privam nossas edificações da intimidade, do efeito da sombra e da atmosfera. Os arquitetos do mundo todo têm se enganado nas proporções que têm usado nas grandes janelas com caixilhos fixos ou nas aberturas externas [...] Perdemos nosso senso de vida íntima e nos tornamos forçados a vidas públicas, essencialmente afastados de nossas casas," escreve Luis Barragan, o verdadeiro mágico dos segredos íntimos, do mistério e das sombras na arquitetura contemporânea[102]. Muitos espaços públicos contemporâneos também se tornariam mais agradáveis se tivessem luzes menos intensas e mais heterogêneas. O útero escuro do plenário da Prefeitura de Säynätsalo, de Alvar Aalto, recria um senso místico mitológico e de comunidade; a escuridão cria uma sensação de solidariedade e reforça a força da palavra falada.

Em estados emocionais intensos, os estímulos sensoriais parecem sair dos sensos mais refinados para os mais arcaicos, descendo da visão para a audição, o tato e o olfato, e ir das luzes para as sombras. Uma cultura que busca controlar seus cidadãos provavelmente promoverá a direção oposta de interação, saindo da individualidade da intimidade e identificação e indo para um isolamento físico e público. Uma sociedade controladora sempre é uma sociedade do olho *voyeur* e sádico. Um método eficiente de tortura mental é o uso de um nível de iluminação alto e constante que não deixa espaço para o retraimento mental ou para a privacidade; até mesmo a interioridade escura do ego é exposta e violada.

A intimidade acústica

A visão isola, enquanto o som incorpora; a visão é direcional, o som é onidirecional. O senso da visão implica exterioridade, mas a audição cria uma experiência de interioridade. Eu observo um objeto, mas o som me aborda; o olho alcança, mas o ouvido recebe. As edificações não reagem ao nosso olhar, mas efetivamente retornam os sons de volta aos nossos ouvidos. "A ação centralizadora do som afeta o senso de cosmos do homem," escreve Walter Ong. "Para as culturas orais, o cosmos é um evento contínuo com o homem em seu centro. O homem é o *umbilicus mundi*, o umbigo do mundo"[103]. É instigante pensar que a perda mental do sentido da centralidade no mundo contemporâneo possa ser atribuído, ao menos em parte, ao desaparecimento da integridade do mundo auditivo.

A audição estrutura e articula a experiência e o entendimento do espaço. Normalmente não estamos cientes da importância da audição na experiência espacial, embora o som muitas vezes forneça o *continuum* temporal no qual as impressões visuais estão inseridas. Quando removemos a trilha sonora de um filme, por exemplo, as cenas perdem sua plasticidade e o senso de continuidade e vida. O cinema mudo de fato tinha de compensar a ausência de sons, empregando uma maneira demonstrativa de representação exagerada.

Adrian Stokes, o pintor e ensaísta inglês, faz observações perspicazes sobre a interação entre o espaço e o som, o som e a pedra. "Como mães dos homens, os prédios são bons ouvintes. Sons longos, distintos ou aparentemente em conjuntos, acalmam os orifícios dos palácios, que se afastam gradualmente do canal ou do piso. Um som longo, com seu eco, traz consumação à pedra," ele escreve[104].

Qualquer pessoa que já acordou com o som de um trem ou uma ambulância em uma cidade noturna e que no sonho experimentou o espaço da cidade em seus incontáveis habitantes espalhados dentro de seus prédios, conhece o poder do som sobre a imaginação; o som noturno é uma lembrança da solidão e mortalidade humanas, e nos torna cientes de toda uma cidade adormecida. Qualquer um que já ficou encantado com o som de uma goteira na escuridão de uma ruína pode confirmar a capacidade extraordinária do ouvido de imaginar um volume côncavo no vazio da escuridão. O espaço analisado pelo ouvido se torna uma cavidade esculpida diretamente no interior da mente.

O último capítulo da obra seminal de Steen Eiler Rasmussen, *Experiencing Architecture*, tem um título muito expressivo: "Ouvindo a Arquitetura"[105]. O escritor descreve as várias dimensões das características acústicas e lembra o produto mental da percepção acústica dos túneis do metrô de Viena no filme *O Terceiro Homem*, de Orson Welles: "Sua orelha recebe o impacto tanto do comprimento quanto da forma cilíndrica do túnel"[106].

Também podemos recordar a dureza acústica de uma casa desocupada e sem móveis, quando comparada à afabilidade de uma casa habitada, na qual o som é refratado e suavizado pelas numerosas superfícies dos objetos da vida pessoal. Cada prédio ou espaço tem seu som característico de intimidade ou monumentalidade, convite ou rejeição, hospitalidade ou hostilidade. Um espaço é tão entendido e apreciado por meio de seus ecos como por meio de sua forma visual, mas o produto mental da percepção geralmente permanece como uma experiência inconsciente de fundo.

A visão é o sentido do observador solitário, enquanto a audição cria um sentido de conexão e solidariedade; nosso olhar perambula solitário nos vãos escuros de uma catedral, mas os sons de um órgão nos fazem sentir imediatamente nossa afinidade com o espaço. Fitamos isolados os momentos de suspense de um filme, mas o irromper de aplausos após o relaxamento desses momentos tensos nos unem à multidão. O som dos sinos de uma igreja que ecoa pelas ruas de uma cidade nos faz sentir nossa urbanidade. O eco dos passos sobre uma rua pavimentada tem uma carga emocional, pois o som que reverbera nos muros do entorno nos põe em interação direta com o espaço; o som mede o espaço e torna sua escala compreensível. Acariciamos os limites do espaço com nossos ouvidos. Os gritos das gaivotas de um porto nos fazem cientes da imensidão do oceano e da infinitude do horizonte.

Cada cidade tem seu eco, o qual depende do padrão e da escala de suas ruas e dos estilos e materiais dominantes de sua arquitetura. O eco de uma cidade da Renascença difere daquele da cidade do Barroco. Os espaços abertos e amplos das ruas contemporâneas não devolvem os sons, e nos interiores das edificações atuais os ecos são absorvidos e censurados. A música gravada e programada que toca em shopping centers e espaços públicos elimina a possibilidade de palparmos o volume acústico de seus espaços. Nossos ouvidos foram cegados.

Silêncio, tempo e solidão

A experiência auditiva mais fundamental criada pela arquitetura é a tranquilidade. A arquitetura nos apresenta o drama da construção silenciado na matéria, no espaço e na luz. Enfim, a arquitetura é a arte do silêncio petrificado. Quando cessam os ruídos das obras de construção e esmaecem os gritos dos trabalhadores, uma edificação se torna um museu do silêncio paciente, que aguarda. Nos templos do Egito Antigo, encontramos o silêncio que rodeava os faraós; no silêncio das catedrais góticas, nos lembramos da última nota desvanecente de um canto gregoriano; o eco dos passos dos antigos romanos acabou de esmaecer nas paredes do Panteon. As casas antigas nos levam de volta ao ritmo vagaroso e ao silêncio do passado. O silêncio da arquitetura é um silêncio afável e memorável. Uma experiência poderosa de arquitetura silencia todo ruído externo; ela foca nossa direção e nossa própria existência, e, como se dá com qualquer forma de arte, nos torna cientes de nossa solidão original.

A incrível aceleração da velocidade que ocorreu ao longo do século passado arrasou o tempo contra a tela plana do presente, sobre o qual a simultaneidade do mundo é projetada. À medida que o tempo perde sua duração e seu eco no passado primordial, o homem perde seu senso de individualidade como ser histórico e é ameaçado pelo "terror do tempo"[107]. A arquitetura nos emancipa do abraço do presente e nos permite experimentar o fluxo lento e benéfico do tempo. As edificações e cidades são instrumentos e museus do tempo. Elas nos permitem ver e entender o passar da história e participar de ciclos temporais que ultrapassam nossas vidas individuais.

A arquitetura nos conecta com os mortos; por meio dos prédios conseguimos imaginar o alvoroço da cidade medieval e visualizar a procissão solene que se aproxima da catedral. O tempo da arquitetura é um tempo sob custódia; nas melhores edificações, o tempo se mantém perfeitamente imóvel. No salão hipostilo do Templo de Carnac, o tempo foi petrificado em um presente imóvel e eterno. Tempo e espaço estão eternamente intertravados nos espaços silenciosos entre suas colunas gigantescas; matéria, espaço e tempo se fundem em uma experiência elementar e singular: a sensação de existir.

As grandes obras de arquitetura da modernidade retiveram para sempre o tempo utópico do otimismo e da esperança; mesmo após décadas de provocar o destino, elas emanam uma atmosfera de primavera e promessa. O Sanatório de Paimio, de Alvar Aalto, parte nossos corações com sua crença fervorosa no futuro da humanidade e no sucesso da missão social da arquite-

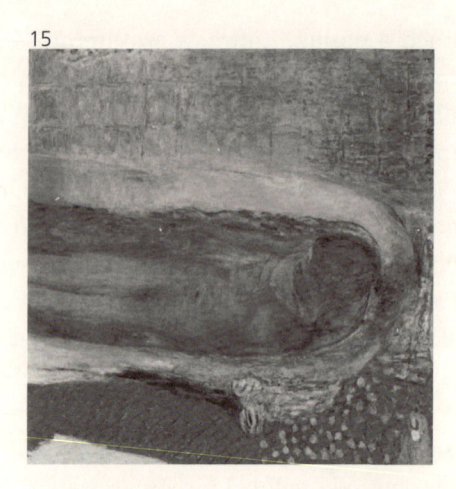

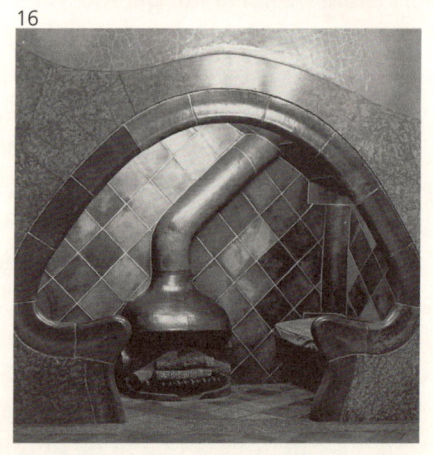

ESPAÇOS DE ACONCHEGO

15

Experiências intensas de intimidade, lar e proteção são sensações da pele nua.

Pierre Bonnard, *Nu na Banheira*, 1937. Pormenor. Musée du Petit-Palais, Paris.

©Photothèques des Musées de la Ville de Paris/ Delepelaire

16

A lareira como espaço da intimidade do calor humano.

Antonio Gaudí, Casa Batlló, Barcelona, 1904–06

tura. A Vila Savoye, de Le Corbusier, nos faz acreditar na união da razão com a beleza, da ética com a estética. Mesmo passando por períodos de transformações sociais e culturais radicais e trágicas, a Casa Melnikov, de Konstantin Melnikov, em Moscou, se manteve como uma testemunha silenciosa do desejo e do espírito utópico passados que a criaram.

Experimentar uma obra de arte é um diálogo privado entre a obra e o observador, um ato que exclui outras interações. "A arte é o posicionamento no palco da memória", e "A arte é feita pelo indivíduo e para o indivíduo", com escreve Cyril Connolly em *The Unquiet Grave*. Não é por acaso que essas frases foram sublinhadas por Luis Barragan em seu exemplar de um livro de poesia[108]. Uma sensação de melancolia permeia todas as experiências tocantes de arte; esse é o pesar da temporalidade imaterial da beleza. Os projetos de arte são um ideal intangível, o ideal de beleza que momentaneamente toca o eterno.

Espaços aromáticos

Precisamos de apenas oito moléculas de uma substância para desencadear um impulso olfativo em uma terminação nervosa, e conseguimos detectar mais de dez mil diferentes odores. Frequentemente, a memória mais persistente de um espaço é seu cheiro. Não consigo me lembrar da aparência da porta da casa da fazenda de meu avô quando eu era muito pequeno, mas lembro muito bem a resistência imposta por seu peso e a pátina de sua superfície de madeira marcada por décadas de uso, e me recordo especialmente do aroma de sua casa que atingia meu rosto como se fosse uma parede invisível por trás da porta. Cada moradia tem seu cheiro individual de lar.

Um cheiro específico nos faz reentrar de modo inconsciente um espaço totalmente esquecido pela memória da retina; as narinas despertam uma imagem esquecida e somos convidados a sonhar acordados. O som faz os olhos se lembrarem. "A memória e a imaginação permanecem associadas," escreve Bachelard; "Eu, sozinho, nas minhas lembranças de outro século, consigo abrir o armário profundo que ainda retém só para mim aquele odor único, o aroma de passas de uva secando em uma bandeja de vime. O aroma das passas de uva! É um odor indescritível, que exige muita imaginação para que possa ser sentido"[109].

Que delícia é se mover de um mundo de aromas para outro, passando pelas ruas estreitas de uma cidade antiga! Um mundo de aromas de uma loja de balas nos faz lembrar a inocência e curiosidade da infância; o odor pungente de uma sapataria nos faz imaginar cavalos, selas e arreios e a emoção de se cavalgar; a fragrância de uma padaria projeta imagens de saúde, subsistência e força física, enquanto o perfume de uma confeitaria nos remete à felicidade da burguesia. As cidades de pesca são especialmente memoráveis pela fusão dos odores do mar e da terra; o cheiro forte das algas nos faz sentir a profundidade e o peso do mar e transforma qualquer cidade portuária prosaica na imagem da Atlântida perdida.

Um prazer especial das viagens é se familiarizar com a geografia e o microcosmos de odores e sabores. Cada cidade tem seu espectro de sabores e odores. As bancas dos mercados de rua são exibições apetitosas de odores: criaturas do oceano que cheiram a alga, legumes e verduras que trazem o aroma da terra fértil e frutas que exalam a doce fragrância do sol e do ar úmido do verão. Os cardápios expostos na frente dos restaurantes nos fazem fantasiar sobre os sucessivos pratos de um jantar; as letras lidas por nossos olhos se transformam em sensações orais.

Por que as casas abandonadas sempre têm o mesmo cheiro oco? Seria porque aquele cheiro particular é estimulado pelo vazio observado pelos olhos? Helen Keller conseguia reconhecer "uma velha casa de campo porque ela tem diversos níveis de odores deixados por uma sucessão de famílias, plantas, perfumes e cortinados"[110].

Na obra *The Notebooks of Malte Laurids Brigge*, Rainer Maria Rilke faz uma descrição exuberante das imagens de uma vida passada em uma casa já demolida, transmitidas pelos vestígios deixados na parede de sua casa contígua:

> Lá estavam os meios-dias e a doença, e a respiração exalada e a fumaça dos anos, e o suor que sai das axilas e deixa as roupas pesadas, e o cheiro viciado das bocas e o odor oleoso dos pés abafados. Lá estavam o cheiro penetrante da urina e da fuligem queimada, e o odor pungente das batatas e a catinga suave da gordura rançosa. O odor doce e prolongado dos bebês mal-cuidados estava lá, e o cheiro de medo das crianças que vão para a escola e o ardor das camas dos jovens casadouros.[111]

As imagens da retina da arquitetura contemporânea certamente parecem estéreis e sem vida quando comparadas com o poder emocional e associativo do imaginário olfativo do poeta. O poeta libera o aroma e o sabor escondidos nas palavras. Por meio de suas palavras, um grande escritor é capaz de construir uma cidade inteira com todas as cores da vida. Mas obras de arquitetura significativas também projetam imagens completas da vida. De fato, um grande arquiteto libera imagens da vida ideal que estão escondidas nos espaços e nas formas. O croqui que Le Corbusier fez do terraço-jardim de um edifício de apartamentos, com a esposa batendo um tapete no balcão superior e o marido golpeando um saco de boxe, assim como o peixe e o ventilador na mesa da cozinha da Vila Stein-de-Monzie, são exemplos de uma rara sensibilidade da vida nas imagens modernas da arquitetura. As fotografias da Casa Melnikov, por outro lado, revelam um distanciamento radical entre a geometria metafísica da casa icônica e as realidades tradicionalmente prosaicas da vida.

A forma do toque

"[A]s mãos são organismos complicados, deltas nos quais a vida das fontes mais distantes converge aos vagalhões nas grandes correntes de ação. As mãos têm seu histórico; elas têm até sua própria cultura e sua beleza particular. Conferimos-lhe o direito de ter seu próprio desenvolvimento, seus próprios desejos, sentimentos, humores e ocupações", escreve Rainer Maria Rilke em seu ensaio sobre Auguste Rodin[112]. As mãos são os olhos do escultor; mas elas também são órgãos para o pensamento, como sugere Heidegger: "[a] essência das mãos jamais pode ser determinada ou explicada, pois são um órgão que pode agarrar [...] Cada movimento da mão em cada uma de suas tarefas se dá por meio do pensamento, cada toque da mão permanece naquele elemento [...]"[113].

A pele lê a textura, o peso, a densidade e a temperatura da matéria. A superfície de um velho objeto, polido até a perfeição pela ferramenta de um artesão e pelas mãos assíduas de seus usuários, seduz nossas mãos a acariciá-lo. É um prazer apertar a maçaneta da porta que brilha com os milhares de mãos que passaram por ela antes de nós; o brilho tremeluzente do desgaste atemporal se tornou uma imagem de boas-vindas e hospitalidade. A maçaneta da porta é o aperto de mãos do prédio. O tato nos conecta com o tempo e a tradição: por meio das impressões do toque, apertamos as mãos de incontáveis gerações. Um seixo rolado polido pelas ondas é um prazer para as mãos,

A IMPORTÂNCIA DAS SOMBRAS E DA ESCURIDÃO

17

A face é envolvida pela escuridão, como um objeto precioso sobre uma superfície de veludo escuro.

Rembrandt, *Auto-Retrato*, 1660. Pormenor.

Musée du Louvre, Paris

18

A escuridão e as sombras de uma cabana de camponeses da Finlândia cria uma sensação de intimidade e silêncio; a luz se transforma em um presente precioso.

Casa Pertinotsa, do final do século XIX, no Seurasaari Outdoor Museum, Helsinque.

Museum of Finnish Architecture/Fotografia de István Rácz

não apenas por sua forma suave, mas porque ele expressa o lento processo de sua formação; um seixo perfeito na palma da mão materializa a duração, é o tempo que foi transformado em forma.

Quando entrei no magnífico espaço externo do Salk Institute, de Louis Kahn, em La Jolla, na Califórnia, senti uma tentação irresistível de caminhar diretamente até a parede de concreto e tocar a maciez aveludada e a temperatura de sua pele. Nossa pele acompanha a temperatura dos espaços com precisão infalível; a sombra fresca e revigorante de uma árvore ou o calor de um lugar ao sol que nos acaricia se tornam experiências de espaço e lugar. Nas imagens rurais finlandesas que trago de minha infância, posso me lembrar claramente dos muros ensolarados, muros que multiplicavam o calor da radiação solar e derretiam a neve, permitindo que o primeiro aroma do solo fértil anunciasse a chegada da primavera. Esses prelúdios da primavera eram identificados não apenas pelos olhos, mas também pela pele e pelo nariz.

A gravidade é medida pela sola dos pés; seguimos a densidade e a textura do chão através da sola de nossos pés. Ficar de pé e descalço sobre uma lisa rocha glacial junto ao mar, no pôr do sol, e sentir na pele o calor da pedra aquecida pelo sol é uma experiência muito revigorante que nos faz sentir parte do ciclo eterno da natureza; ela nos faz sentir a respiração lenta da terra.

"Em nossos lares temos esconderijos e cantinhos nos quais gostamos de nos aconchegar com conforto. Aconchegar-se pertence à fenomenologia do verbo habitar, e somente aqueles que aprenderam a fazê-lo conseguem habitar com intensidade," escreve Bachelard[114]. "E quando sonhamos acordados, nossa casa sempre é um grande berço," ele continua[115].

Há uma forte identidade entre a pele nua e a sensação de um lar. A experiência do lar é essencialmente a experiência do calor íntimo. O espaço do aconchego em torno de uma lareira é o espaço da intimidade e do conforto máximos. Marcel Proust faz uma descrição poética de um desses espaços junto à lareira, que é sentido na pele: "É como uma alcova imaterial, uma caverna aconchegante esculpida no próprio cômodo, uma zona de clima quente com limites variáveis"[116]. A mais forte sensação de chegar em casa sempre foi a da minha infância, quando via uma luz pela janela de minha casa na paisagem coberta pela neve, ao anoitecer, a memória do interior aconchegante gentilmente aquecendo meus membros congelados. Lar e prazer da pele se transformam em uma sensação indissociável.

O sabor da pedra

Em seus escritos, Adrian Stokes era particularmente sensível às esferas das sensações tátil e oral: "Ao empregar suave e áspero como termos genéricos da dicotomia da arquitetura, consigo preservar melhor as noções de oralidade e tato que estão sob a noção visual. Existe a fome dos olhos, e, sem dúvida, tem havido certo grau de impregnação do sentido da visão, como do tato, pelo impulso oral, que no início tudo abarcava"[117]. Stokes também escreve sobre o "convite à oralidade de um mármore de Verona"[118], e cita uma carta de John Ruskin: "Eu gostaria de comer toda essa Verona, toque por toque"[119].

Há uma transferência sutil entre as experiências do tato e do paladar. A visão também se transfere ao tato; certas cores e detalhes delicados evocam sensações orais. Uma superfície de pedra polida de cor delicada é sentida subliminarmente pela língua. Nossa experiência sensorial do mundo se origina na sensação interna da boca, e o mundo tende a retornar às suas origens orais. A origem mais arcaica do espaço de arquitetura é a cavidade oral.

Muitos anos atrás, quando estava visitando a DL James Residence, em Carmel, na Califórnia, projetada por Charles e Henry Greene, senti-me compelido a ajoelhar e tocar com a língua a soleira de mármore branco da porta de entrada, que brilhava delicadamente. Os materiais sensuais e tão bem trabalhados pela arquitetura de Carlo Scarpa, assim como as cores sensuais das casas de Luis Barragan, frequentemente evocam experiências orais. As superfícies deliciosamente coloridas de *stucco lustro*, revestimento extremamente polido de superfícies de madeira, também se oferecem à apreciação da língua.

Junichiro Tanizaki descreve de modo impressionante as características espaciais do sentido do paladar e da sutil interação dos sentidos provocada pelo simples destampar de uma tigela de sopa:

> Na tigela laqueada, há beleza naquele momento entre a remoção da tampa e a aproximação da tigela à boca, quando vemos o líquido parado e silencioso nas profundezas escuras da tigela, sua cor quase igual da própria tigela. Não conseguimos distinguir o que está na escuridão, mas a palma da mão sente os suaves

movimentos do líquido, o vapor sobe de dentro e forma gotículas nas bordas da tijela, e a fragrância trazida com o vapor nos traz uma delicada expectativa... Um momento de mistério, talvez possamos assim chamar, um momento de transe.[120]

Um belo espaço de arquitetura se revela e se apresenta com a mesma intensidade de experiência que a tigela de sopa de Tanizaki. A experiência da arquitetura traz o mundo para um contato extremamente íntimo com o corpo.

Imagens de músculos e ossos

O homem primitivo usava seu próprio corpo como sistema de dimensionamento e proporcionamento de suas construções. A habilidade essencial de se construir uma moradia nas culturas tradicionais se baseia na sabedoria do corpo armazenada na memória tátil. Os conhecimentos e as habilidades essenciais do caçador, pescador e agricultor do passado, bem como do pedreiro e escultor, eram uma imitação de uma tradição corpórea dos ofícios, armazenada nos sentidos muscular e tátil. As habilidades eram obtidas incorporando-se as sequências de movimentos refinadas pela tradição, não pelas palavras ou pela teoria.

O corpo sabe e lembra. O significado da arquitetura deriva das respostas arcaicas e reações lembradas pelo corpo e pelos sentidos. A arquitetura tem de responder às características dos comportamentos primitivos preservados e transferidos pelos genes. A arquitetura não apenas responde às necessidades sociais e intelectuais funcionais e conscientes dos moradores urbanos; ela também deve lembrar o caçador e agricultor primitivo escondido em nossos corpos. Nossas sensações de conforto, proteção e lar estão enraizadas nas experiências primitivas de incontáveis gerações. Bachelard as chama de "imagens que trazem à tona o primitivo que está em nós", ou de "imagens primitivas"[121]. "[A] casa na qual nascemos gravou dentro de nós a hierarquia das várias funções de habitar. Somos o diagrama dessas funções de habitar aquela casa particular, e todas as outras casas são apenas variantes desse tema fundamental. A palavra hábito está desgastada demais para expressar essa relação passional de nossos corpos, que não esquecem, com uma casa inesquecível," ele escreve, falando da força da memória corporal[122].

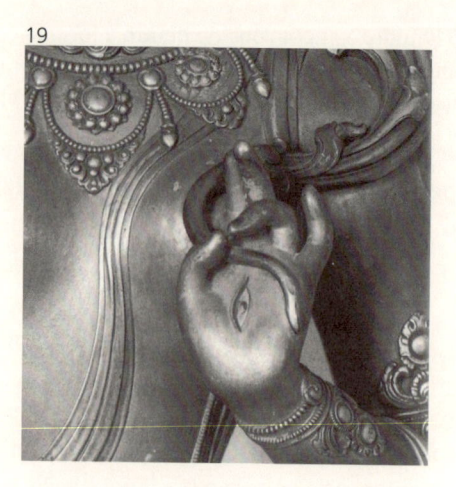

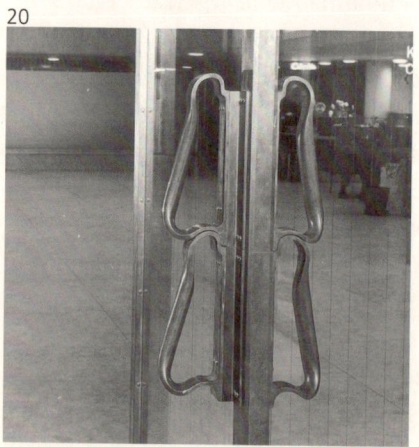

VISÃO E TATILIDADE

19

Há um ingrediente tátil escondido na visão.

A deusa Tara, dos budistas, possui cinco olhos adicionais, na testa e em suas mãos e pés. Eles são considerados sinais de iluminação. Figura de bronze da Mongólia, século XV.

State Public Library, Ulan Bator, Mongólia

20

A maçaneta da porta é o aperto de mãos do prédio, que pode ser revigorante e cortês ou proibitivo e agressivo.

Alvar Aalto, A Casa de Ferro, Helsinque, 1954. Maçanetas.

Museum of Finnish Architecture/Fotografia de Heikki Havas

A arquitetura moderna tem tido sua própria consciência no reconhecimento de uma predileção pela natureza visual dos projetos. "A arquitetura do espaço externo parece ter interessado aos arquitetos da vanguarda à custa da arquitetura dos interiores. Como se a casa fosse concebida para o prazer dos olhos, em vez do bem-estar de seus moradores," escreve Eileen Gray[123], cuja abordagem de projeto parece surgir de um estudo das situações instantâneas da vida cotidiana, e não de preconcepções visuais e decomposição.

Todavia, a arquitetura não pode se reduzir a um instrumento da funcionalidade, do conforto corporal e do prazer sensorial sem perder sua tarefa de mediação existencial. Outro sentido de distância, resistência e tensão deve ser mantido em relação ao programa de necessidades, à função e ao conforto. Uma obra de arquitetura não deve se tornar transparente em seus motivos utilitários e racionais; ela deve manter seu segredo impenetrável e mistério, para que possa provocar nossa imaginação e nossas emoções.

Tadao Ando já expressou o desejo de tensão ou oposição entre a funcionalidade e a inutilidade de sua obra: "Acredito em remover a arquitetura da função após se garantir a observação das bases funcionais. Em outras palavras, gosto de ver até que ponto a arquitetura consegue perseguir a função, e então, após conquistá-la, ver até onde a arquitetura pode ser afastada da função. A importância da arquitetura é encontrada na distância entre ela e a função"[124].

Imagens de ação

As pedras distribuídas na grama de um jardim, para que pisemos sobre elas, são imagens e impressões de nossas pegadas. Quando abrimos uma porta, o corpo encontra o peso da porta; quando subimos uma escada, as pernas medem os degraus, a mão acaricia o corrimão e o corpo inteiro se move na diagonal e de modo marcante pelo espaço.

Há uma sugestão de ação inerente às imagens da arquitetura, ao momento do encontro ativo ou à "promessa de função"[125] e propósito. "Os objetos que circundam meu corpo refletem sua ação possível sobre eles próprios," escreve Henri Bergson[126]. É essa possibilidade de ação que separa a arquitetura das outras formas de arte. Como consequência dessa ação sugerida, a reação corporal é um aspecto inseparável da experiência da arquitetura. Uma experiência de arquitetura significativa não é simplesmente uma série de imagens na retina. Os "elementos" da arquitetura não são unidades visuais ou *gestalt*; eles são encontros, confrontos que interagem com a memória. "Em tal memória, o passado é corporificado nas ações. Em vez de ser contida separadamente em algum lugar da mente ou do cérebro, ela é um ingrediente ativo dos próprios movimentos corporais que completam determinada ação," diz Edward Casey sobre a inter-relação entre a memória e as ações[127].

A experiência do lar é estruturada por atividades distintas – cozinhar, comer, socializar, ler, guardar, dormir, ter atos íntimos – e não por elementos visuais. Uma edificação é encontrada; ela é abordada, confrontada, relacionada com o corpo de uma pessoa, explorada por movimentos corporais, utilizada como condição para outras coisas. A arquitetura inicia, direciona e organiza o comportamento e o movimento.

Uma edificação não é um fim por si só; ela emoldura, articula, estrutura, dá importância, relaciona, separa e une, facilita e proíbe. Assim, experiências autênticas de arquitetura consistem, por exemplo, em abordar ou confrontar uma edificação, em vez se apropriar formalmente de uma fachada; em olhar para dentro ou para fora de uma janela, em vez de olhar a janela em si como um objeto material; ou de se ocupar o espaço aquecido, em vez de olhar a lareira como um objeto de projeto visual. O espaço arquitetônico é um espaço vivenciado, e não um mero espaço físico, e espaços vivenciados sempre transcendem a geometria e a mensurabilidade.

Em sua análise da pintura *Anunciação*, de Fra Angelico, feita no cativante ensaio "Da Soleira da Porta ao Salão Comunitário" (1926), Alvar Aalto reconhece a "essência verbal" da experiência de arquitetura, ao falar do ato de se entrar em um cômodo, não no projeto formal do alpendre ou da porta[128].

A teoria e a crítica da arquitetura moderna têm tido uma forte tendência a considerar o espaço como um objeto imaterial configurado por superfícies materiais, em vez de entendê-lo em termos das interações e inter-relações dinâmicas. O pensamento japonês, no entanto, se baseia em uma compreensão das relações do conceito do espaço. Ao reconhecer a "essência verbal" da experiência da arquitetura, o professor Fred Thompson usa a noção de "espaçamento" ou "espaçando", em vez de "espaço", e de "temporização" ou "temporizando", em vez de "tempo", em seu ensaio sobre o conceito de *Ma*, e a unidade do espaço e do tempo no pensamento japonês[129]. Ele descreve de modo adequado as unidades de experiência da arquitetura com substantivos ou gerúndios.

A identificação corporal

A autenticidade da experiência da arquitetura se fundamenta na linguagem tectônica de se edificar e na abrangência do ato de construir para os sentidos. Contemplamos, tocamos, ouvimos e medimos o mundo com toda nossa existência corporal, e o mundo que experimentamos se torna organizado e articulado em torno do centro de nosso corpo. Nosso domicílio é o refúgio do nosso corpo, nossa memória e identidade. Estamos em um diálogo e interação constantes com o ambiente, a ponto de ser impossível separar a imagem do ego de sua existência espacial e situacional. "Eu sou meu corpo", afirma Gabriel Marcel[130], mas "Eu sou o espaço, sou onde estou," define o poeta Noël Arnaud[131].

Henry Moore escreve com sensibilidade sobre a necessidade da identificação corporal na produção da arte:

> É isto que o escultor deve fazer. Ele deve se esforçar continuamente para pensar e utilizar a forma em sua total abrangência espacial. Ele se apossa do volume, digamos assim, em sua cabeça – ele pensa nele, seja lá qual for seu tamanho, como se estivesse segurando-o completamente na palma de sua mão. Ele visualiza mentalmente uma forma complexa de todos os seus lados; ele sabe, enquanto observa um lado, como é o outro; ele se identifica com seu centro de gravidade, sua massa, seu peso; ele percebe seu volume e o espaço que a forma desloca no ar.[132]

O encontro com qualquer obra de arte implica uma interação corporal. O pintor Graham Sutherland expressa sua visão sobre a obra do artista: "De certa maneira, o pintor de paisagens deve olhar para a paisagem praticamente como se ela fosse ele próprio – ele próprio como um ser humano"[133]. Na visão de Cézanne, "a paisagem se pensa em mim, e eu sou sua consciência"[134]. Uma obra de arte funciona como outra pessoa, com a qual conversamos de modo inconsciente. Ao confrontar uma obra de arte, projetamos nossas emoções e sentimentos na obra. Ocorre um intercâmbio curioso; imprimimos nossas emoções à obra, enquanto ela imprime em nós sua autoridade e aura. Em determinado momento nos encontramos na obra. A noção de Melanie Klein

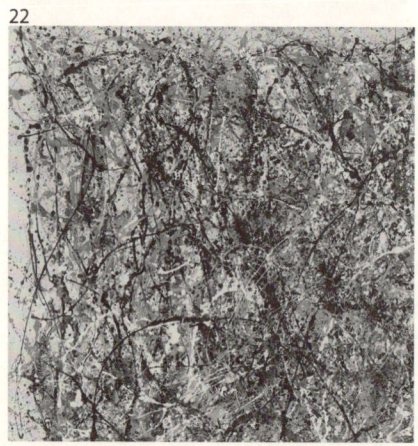

A VISÃO PERIFÉRICA E O SENSO DE INTERIORIDADE

21

A floresta nos envolve com seu abraço multissensorial. A multiplicidade dos estímulos periféricos efetivamente nos chama à realidade do espaço.

Floresta de pinheiros finlandesa, nas proximidades da Vila Mairea, de Alvar Aalto, em Noormarkku, Finlândia.

Mairea Foundation/Fotografia de Rauno Träskelin

22

A escala e a técnica de pintura dos pintores expressionistas norte-americanos fornecem estímulos periféricos e nos convidam a entrar no espaço.

Jackson Pollock, *Um: Número 31*, 1950. Pormenor

© 2005 The Museum of Modern Art, Nova York/Scala, Florença

da "identificação projetiva" sugere que, de fato, toda interação humana implica a projeção de fragmentos do ego sobre a outra pessoa[135].

A mimese do corpo

Um grande músico toca seu próprio corpo, e não o instrumento; um jogador de bola talentoso joga com sua entidade, a dos outros jogadores e do campo que ele internalizou e incorporou, em vez de apenas chutar a bola. "O jogador entende onde fica a goleira de um modo que é mais vivenciado do que racionalizado. A mente não habita o campo de futebol, mas o campo de futebol é habitado por um 'corpo' que o conhece", escreve Richard Lang, ao comentar as considerações feitas por Merleau-Ponty sobre as habilidades de se jogar futebol[136].

Da mesma maneira, durante o processo de projeto, o arquiteto gradualmente internaliza a paisagem, todo o contexto e os requisitos funcionais, além da edificação que ele concebeu: movimento, equilíbrio e escala são sentidos de modo inconsciente por todo o corpo, como tensões no sistema muscular e nas posições do esqueleto e dos outros órgãos. À medida que a obra interage com o corpo do observador, a experiência reflete nas sensações corporais do projetista. Consequentemente, a arquitetura é a comunicação do corpo do arquiteto diretamente com o corpo da pessoa que encontra a obra, talvez séculos depois.

Entender a noção de escala na arquitetura implica a medição inconsciente do objeto ou da edificação por meio do próprio corpo do observador, e na projeção de seu esquema corporal no espaço em questão. Sentimos prazer e proteção quando o corpo descobre sua ressonância no espaço. Quando experimentamos uma estrutura, inconscientemente imitamos sua configuração com nossos ossos e músculos: o fluxo agradável e animado de uma música é inconscientemente transformado em sensações corporais, a composição de uma pintura abstrata é experimentada como tensões no sistema muscular, e as estruturas de um prédio são inconscientemente imitadas e compreendidas pelo esqueleto. Sem saber, realizamos com nosso corpo a tarefa da coluna ou da abóbada. "O tijolo quer se transformar em um arco," disse Louis Kahn, e essa metamorfose se dá mediante a capacidade mimética do nosso corpo[137].

A sensação da gravidade é a essência de todas as estruturas arquitetônicas, e grandes obras de arquitetura nos tornam cientes da gravidade e da terra. A arquitetura reforça a experiência da dimensão vertical do mundo. Ao mesmo tempo em que nos torna cientes da profundidade da terra, ela nos faz sonhar com a levitação e com o voo.

Espaços da memória e imaginação

Temos uma capacidade inata de lembrar e imaginar lugares. Percepção, memória e imaginação estão em interação constante; a esfera do presente se funde com imagens de memória e fantasia. Continuamos construindo uma imensa cidade de evocações e recordações, e todas as cidades que visitamos são ambientes desta metrópole que chamamos de mente.

A literatura e o cinema seriam destituídos de seu poder de encanto sem nossa capacidade de entrar em um lugar que lembramos ou imaginamos. Os espaços e lugares criados por uma obra de arte são reais no sentido total da experiência. "Tintoretto não escolheu aquela fenda amarela no céu do Calvário para transmitir angústia ou provocá-la. Ela é, ao mesmo tempo, angústia e céu amarelo. Não um céu de angústia ou um céu angustiado; ela é a angústia materializada, a angústia que se tornou uma fenda ou um céu de cor amarelo," escreve Sartre[138]. De modo similar, a arquitetura de Michelangelo não apresenta símbolos de melancolia; seus prédios realmente se lamentam. Ao experimentarmos uma obra de arte, ocorre um intercâmbio curioso: a obra projeta sua aura e nós projetamos nossas próprias emoções e produtos mentais da percepção sobre a obra. A melancolia de Michelangelo é basicamente o senso que o observador tem de sua própria melancolia criada pela autoridade da obra. Enigmaticamente, nos encontramos na obra.

A memória nos remete a cidades distantes, e os romances nos transportam através de cidades invocadas pela mágica da palavra do escritor. Os cômodos, as praças e as ruas de um grande escritor são tão vivas como qualquer lugar que já visitamos; as cidades invisíveis de Italo Calvino enriqueceram para sempre a geografia urbana do mundo. A cidade de San Francisco se desdobra em sua multiplicidade na montagem do filme *Um Corpo que Cai*, de Hitchcock; nós *entramos* nos edifícios assustadores com os passos do protagonista e vemos com seus olhos. Nós nos *tornamos* cidadãos de São Petersburgo de meados do século XIX por meio dos encantos de Dostoyevsky. *Estamos* presentes no ambiente do chocante duplo assassinato de Raskolnikov, *estamos* entre os espectadores apavorados que assistem Mikolka e seus amigos bêbados espancarem um cavalo até a morte, frustrados com nossa incapacidade de evitar o ato de crueldade insana e sem finalidade.

As cidades dos cineastas, compostas por fragmentos momentâneos, nos envolvem com todo o vigor das cidades reais. As ruas das grandes pinturas continuam depois das esquinas e ultrapassam as quinas da moldura, seguindo no invisível e com todas as nuances da vida. "[O pintor] faz [casas], ou seja, ele cria uma casa imaginária na tela, e não meramente um signo de uma casa. E a casa resultante preserva todas as ambiguidades das casas reais," escreve Sartre[139].

Há cidades que permanecem como meras imagens visuais distantes quando recordadas, e há cidades que são recordadas com toda sua vivacidade. A memória resgata a cidade prazerosa com todos os seus sons e cheiros e variações de luz e sombra. Posso até escolher se quero caminhar pelo lado ensolarado ou pelo lado sombreado de uma rua da agradável cidade de minhas recordações. A medida real das qualidades de uma cidade é se conseguimos nos imaginar nos apaixonando por alguém nessa cidade.

Uma arquitetura dos sentidos

Vários tipos de arquitetura podem ser distinguidos com base na modalidade sensorial que eles tendem a enfatizar. Ao lado da arquitetura prevalente do olho, há a arquitetura tátil, dos músculos e da pele. Também há um tipo de arquitetura que reconhece as esferas da audição, do olfato e do paladar.

A arquitetura de Le Corbusier e a de Richard Meyer, por exemplo, favorecem claramente a visão, seja no encontro frontal, seja no olho cinestético da *promenade architecturale* (ainda que as obras tardias de Le Corbusier tenham incorporado fortes experiências táteis com a presença vigorosa da materialidade e do peso). Por outro lado, a arquitetura de orientação expressionista, iniciada com Erich Mendelsohn e Hans Scharoun, favorece a plasticidade muscular e tátil, como consequência da supressão do predomínio da perspectiva ocular. Já a arquitetura de Frank Lloyd Wright e a de Alvar Aalto se baseiam no reconhecimento total da condição corporal humana e na multiplicidade de reações instintivas escondidas no inconsciente humano. Na arquite-

A ARQUITETURA DOS SENTIDOS QUE INTENSIFICA A VIDA

23
Uma arquitetura de contenção formal com uma rara riqueza de sensualidade que estimula todos os sentidos ao mesmo tempo.

Peter Zumthor, Termas de Vals, Graublunden, 1990–6. © Hélène Binet

24
Uma arquitetura que toca tanto nossos olhos quanto nosso sentido de movimento e tato e cria uma ambiência doméstica e acolhedora.

Alvar Aalto, Vila Mairea, Noormarkku, 1938–9. Vestíbulo, sala de estar e escada principal.

Mairea Foundation/Fotografia de Rauno Träskelin

tura de hoje, a diversidade de experiências sensoriais é ressaltada na obra de Glenn Murcutt, Steven Holl e Peter Zumthor, por exemplo.

Alvar Aalto se preocupava de modo consciente com todos os sentidos em sua arquitetura. Seu comentário sobre as intenções sensoriais em seus projetos de móveis revela claramente essa preocupação: "Um móvel que forma parte do habitat diário de uma pessoa não deve causar ofuscamento excessivo com o reflexo da luz: como já foi dito, ele não deve ser problemático em termos de sons, absorção de sons, etc. Um móvel que tem o contato mais íntimo com um homem, como uma cadeira, não deve ser construído com materiais que são excelentes condutores de calor."[140] Aalto estava claramente mais interessado no encontro do objeto com o corpo do usuário do que na mera estética visual.

A arquitetura de Alvar Aalto exibe uma presença muscular e tátil. Ela incorpora deslocamentos, confrontos oblíquos, irregularidades e ritmos múltiplos que visam acentuar as experiências corporais, musculares e táteis. Seus elaborados detalhes e texturas superficiais, trabalhados artesanalmente para as mãos humanas, convidam ao toque e criam uma atmosfera de intimidade e aconchego. Em vez do idealismo cartesiano e desvinculado do corpo da arquitetura dos olhos, a arquitetura de Aalto se baseia no realismo sensorial. Suas edificações não se baseiam em apenas um conceito dominante ou *gestalt*; em vez disso, elas são aglomerações sensoriais. Elas às vezes até parecem deselegantes e mal resolvidas como desenhos, mas são concebidas para serem apreciadas em seu encontro físico e espacial real, "na carne" do mundo vivo, não como construções de uma visão idealizada.

A função da arquitetura

A função atemporal da arquitetura é criar metáforas existenciais para o corpo e para a vida que concretizem e estruturem nossa existência no mundo. A arquitetura reflete, materializa e torna eternas as ideias e imagens da vida ideal. As edificações e cidades nos permitem estruturar, entender e lembrar o fluxo amorfo da realidade e, em última análise, reconhecer e nos lembrar quem somos. A arquitetura permite-nos perceber e entender a dialética da permanência e da mudança, nos inserir no mundo e nos colocar no *continuum* da cultura e do tempo.

Em seu modo de representar e estruturar a ação e o poder, a ordem cultural e social, a interação e a separação, a identidade e a memória, a arquitetura se envolve com questões existenciais fundamentais. Qualquer experiência implica atos de recordação, memória e comparação. Uma memória incorporada tem um papel fundamental como base da lembrança de um espaço ou um lugar. Transferimos todas as cidades e vilas que já visitamos, todos os lugares que reconhecemos, para a memória encarnada de nossos corpos. Nosso domicílio se torna integrado à nossa autoidentidade; ele se torna parte de nosso corpo e ser.

Em experiências memoráveis de arquitetura, espaço, matéria e tempo se fundem em uma dimensão única, na substância básica da vida, que penetra em nossas consciências. Identificamo-nos com esse espaço, esse lugar, esse momento, e essas dimensões se tornam ingredientes de nossa própria existência. A arquitetura é a arte de nos reconciliar com o mundo, e esta mediação se dá por meio dos sentidos.

Em 1954, aos 85 anos de idade, Frank Lloyd Wright definiu a função mental da arquitetura com as seguintes palavras:

> O que é mais necessário na arquitetura atual é justamente o que é mais necessário na vida – integridade. Assim como no ser humano, a integridade é a mais profunda qualidade de uma edificação... Se tivermos sucesso, teremos prestado um grande serviço à nossa natureza moral – a psique – de nossa sociedade democrática... Defenda a integridade de sua edificação como você defende a integridade não apenas na vida daqueles que a fizeram, mas, em termos sociais, pois uma relação recíproca é inevitável.[141]

Esta declaração enfática da missão da arquitetura é ainda mais urgente nos dias de hoje do que quando foi escrita, há 50 anos. E essa visão exige um entendimento total da condição humana.

NOTAS

Prefácio

1 Maurice Merleau-Ponty, *The Visible and the Invisible*, Northwestern University Press (Evanston, IL), 1968. pp 148–9.

Introdução

1 James Turrell, "Plato's Cave and Light within", in *Elephant and Butterfly: permanence and change in architecture*, ed. Mikko Heikkinen, 9th Alvar Aalto Symposium (Jyväskylä), 2003, p 144.

2 Ashley Montagu, *Touching: The Human Significance of the Skin*, Harper & Row (New York), 1986, p 3.

3 Uma ideia de Johann Wolfgang von Goethe mencionada em *ibid*, p 308.

4 Ludwig Wittgenstein, MS 112 46: 14.10.1931, in *Ludwig Wittgenstein – Culture and Value*, ed GH von Wright, Blackwell Publishing (Oxford), 2002, p 24 e.

5 Veja Anton Ehrenzweig, *The Psychoanalysis of Artistic Vision and Hearing: An Introduction to a Theory of Unconscious Perception*, Sheldon Press (London), 1975.

Os olhos da pele

1 Citado em *Not Architecture But Evidence That It Exists – Lauretta Vinciarelli: Watercolors*, ed Brooke Hodge, Harvard University Graduate School of Design (Harvard), 1998, p 130.

2 Friedrich Nietzsche, *Thus Spake Zarathustra*, Viking Press (New York), 1956, p 224.

3 Richard Rorty, *Philosophy and the Mirror of Nature*, Princeton University Press (New Jersey), 1979, p 239.

4 Jorge Luis Borges, *Selected Poems 1923–1967*, Penguin Books (London), 1985, citado em Sören Thurell, *The Shadow of A Thought – The Janus Concept in Architecture*, School of Architecture, The Royal Institute of Technology (Stockholm), 1989, p 2.

5 Citado em Richard Kearney, "Maurice Merleau-Ponty", in Richard Kearney, *Modern Movements in European Philosophy*, Manchester University Press (Manchester and New York), 1994, p 82.

6 Heraclitus, Fragment 101a, citado em *Modernity and the Hegemony of Vision*, ed David Michael Levin, University of California Press (Berkeley and Los Angeles), 1993, p 1.

7 Plato, *Timaeus*, 47b, citado em Martin Jay, *Downcast Eyes – The Denigration of Vision in Twentieth-Century French Thought*, University of California Press (Berkeley and Los Angeles), 1994, p 27.

8 Georgia Warnke, "Ocularcentrism and Social Criticism" in Levin (1993), p 287.

9 Thomas R. Flynn, "Foucault and the Eclipse of Vision", in Levin (1993), p 274.

10 Peter Sloterdijk, *Critique of Cynical Reason*, trans Michael Eldred, citado em Jay (1994), p 21.

11 Mencionada em Steven Pack, "Discovering (Through) the Dark Interstice of Touch", *History and Theory Graduate Studio 1992–1994*, McGill School of Architecture (Montreal), 1994.

12 Levin (1993).

13 *Ibid*, p 2.

14 *Ibid*, p 3.

15 David Harvey, *The Condition of Postmodernity*, Blackwell (Cambridge), 1992, p 327.

16 David Michael Levin, "Decline and Fall – Ocularcentrism in Heidegger's Reading of the History of Metaphysics", in Levin (1993), p 205.

17 *Ibid*, p 212.

18 Dalia Judovitz, "Vision, Representation, and Technology in Descartes", in Levin (1993), p 71.

19 Levin (1993), p 4.

20 Friedrich Nietzsche, *The Will to Power*, Book II, trans Walter Kaufmann, Random House (New York), 1968, note 461, p 253.

21 Max Scheler, *Vom Umsturz der Werte: Abhandlungen und Aufsätze*, citado em David Michael Levin, *The Body's Recollection of Being*, Routledge & Kegan Paul (London, Boston, Melbourne and Henley), 1985, p 57.

22 Jay (1994).

23 Martin Jay, "A New Ontology of Sight", in Levin (1993), p 149.

24 Referência em Richard Kearney, "Jean-Paul Sartre", in Kearney, *Modern Movements in European Philosophy*, p 63.
25 Jay (1994), p 149.
26 Siegfried Giedion, *Space, Time and Architecture: The Growth of a New Tradition*, 5th revised and enlarged edition, Harvard University Press (Cambridge), 1997.
27 Martin Jay, "Scopic Regimes of Modernity", in *Vision and Visuality*, ed Hal Foster, Bay Press (Seattle), 1988, p 10.
28 Merleau-Ponty descreve a noção de carne em seu ensaio "The Intertwining – The Chiasm" in *The Visible and the Invisible*, ed Claude Lefort, Northwestern University Press (Evanston), fourth printing, 1992: "Meu corpo é feito da mesma carne que o mundo... essa carne de meu corpo é compartilhada com o mundo [...]" (p 248); e, "A carne (do mundo e a minha própria) é [...] uma textura que retorna a si própria e conforma a si própria" (p 146). Essa noção deriva do princípio dialético de Merleau-Ponty da inter-relação entre o mundo e o ego. Ele também se refere à "ontologia da carne" como conclusão final de sua fenomenologia inicial da percepção. Essa ontologia implica que o significado é, ao mesmo tempo, interno e externo, subjetivo e objetivo, espiritual e material. Veja Richard Kearney, "Maurice Merleau-Ponty", in Kearney, *Modern Movements in European Philosophy*, pp 73–90.
29 Citado em Hubert L Dreyfus and Patricia Allen Dreyfus, "Translators' Introduction", in Maurice Merleau-Ponty, *Sense and Non-Sense*, Northwestern University Press (Evanston), 1964, p XII.
30 Maurice Merleau-Ponty, "The Film and the New Psychology", in *ibid*, p 48.
31 Italo Calvino, *Six Memos for the Next Millennium*, Vintage Books (New York), 1988, p 57.
32 Martin Heidegger, "The Age of the World Picture", in Martin Heidegger, *The Questions Concerning Technology and Other Essays*, Harper & Row (New York), 1977, p 134.
33 Harvey, pp 261–307.
34 *Ibid*, p 293.
35 Citado em *ibid*, p 293.
36 Edward T Hall, *The Hidden Dimension*, Doubleday (New York), 1969.
37 Walter J Ong, *Orality & Literacy – The Technologizing of the World*, Routledge (London and New York), 1991.

38 *Ibid*, p 117.

39 *Ibid*, p 121.

40 *Ibid*, p 122.

41 *Ibid*, p 12.

42 Citado em Jay (1994), p 34.

43 Citado em *ibid*, pp 34–5.

44 Gaston Bachelard, *The Poetics of Space*, Beacon Press (Boston), 1969, p XII.

45 Leon Battista Alberti, citado em Levin (1993), p 64.

46 Citado em Jay (1994), p 5.

47 Le Corbusier, *Precisions*, MIT Press (Cambridge, MA), 1991, p 7.

48 Pierre-Alain Crosset, "Eyes Which See", *Casabella*, 531–532 (1987), p 115.

49 Le Corbusier (1991), p 231.

50 *Ibid*, p 227.

51 Le Corbusier, *Towards a New Architecture*, Architectural Press (London) and Frederick A. Praeger (New York), 1959, p 164.

52 *Ibid*, p 191.

53 Walter Gropius, *Architektur*, Fischer (Frankfurt and Hamburg), 1956, pp 15–25.

54 Citado em Susan Sontag, *On Photography*, Penguin Books (New York), 1986, p 96.

55 Le Corbusier (1959), p 31.

56 Alvar Aalto, "Taide ja tekniikka" [Art and Technology], in *Alvar Aalto: Luonnoksia* [Sketches], eds Alvar Aalto and Göran Schildt, Otava (Helsinki), 1972, p 87 (trans Juhani Pallasmaa).

57 Citado em Jay (1994), p 19.

58 Harvey, p 58.

59 Fredric Jameson, citado em *ibid*, p 58.

60 Levin (1993), p 203.

61 Sontag, p 7.

62 *Ibid*, p 16.

63 *Ibid*, p 24.

64 A partir de uma conversa com o Professor Keijo Petäjä no início da década de 1980; a fonte não foi identificada.

65 Hans Sedlmayr, *Art in Crisis: The Lost Centre*, Hollis & Carter (London), 1957.

66 Maurice Merleau-Ponty, "Cezanne's Doubt", in Merleau-Ponty (1964), p 19.

67 Jay, in Foster (1988), p 18.

68 *Ibid*, p 16.

69 *Ibid*, p 17.

70 David Michael Levin, *The Opening of Vision –Nihilism and the Postmodern Situation*, Routledge (New York and London), 1988, p 440.

71 *Ibid*.

72 Ong, p 136.

73 Montagu, p XIII.

74 Com suas 800 mil fibras e 18 vezes mais terminações nervosas do que o nervo coclear do ouvido, o nervo ótico é capaz de transmitir uma quantidade inacreditável de informações ao cérebro e em uma taxa que excede em muito a capacidade de qualquer outro órgão dos sentidos. Cada globo ocular contém 120 milhões de bastonetes, os quais recolhem informações de aproximadamente 500 níveis de luz e sombra, enquanto que seus mais de sete milhões de cones tornam possível que possamos distinguir mais de um milhão de combinações de cores. Jay (1994), p 6.

75 Kearney, *Modern Movements in European Philosophy*, p 74.

76 Maurice Merleau-Ponty, *Phenomenology of Perception*, Routledge (London), 1992, p 203.

77 *Ibid*, p 225.

78 Kent C Bloomer and Charles W Moore, *Body, Memory and Architecture*, Yale University Press (New Haven and London), 1977, p 44.

79 *Ibid*, p 105.

80 *Ibid*, p 107.

81 Gaston Bachelard, *The Poetics of Reverie*, Beacon Press (Boston), 1971, p 6.

82 A partir de experiências com animais, os cientistas conseguiram identificar 17 maneiras pelas quais os organismos vivos conseguem responder ao meio ambiente. Jay (1994), p 6.

83 Bloomer and Moore, p 33.

84 A antropologia e a psicologia espiritual baseada nos estudos realizados por Rudolf Steiner sobre os sentidos distinguem 12 sentidos: tato, senso de vida, senso de automovimento, equilíbrio, olfato, paladar, visão, senso de temperatura, audição, senso de linguagem, senso conceitual e senso de ego. Albert Soesman, *Our Twelve Senses: Wellsprings of the Soul*, Hawthorn Press (Stroud, Glos), 1998.

85 Citado em Victor Burgin, "Perverse Space", citado em *Sexuality and Space*, ed. Beatriz Colomina, Princeton Architectural Press (Princeton), 1992, p 233.

86 Jay, citado em Levin (1993).

87 Stephen Houlgate, "Vision, Reflection, and Openness – The "Hegemony of Vision" from a Hegelian Point of View", in Levin (1993), p 100.

88 Citado em Houlgate, *ibid*, p 100.

89 Citado em Houlgate, *ibid*, p 108.

90 Merleau-Ponty (1964), p 15.

91 Citado em Montagu, p 308.

92 Mencionado por Montagu, *ibid*.

93 Le Corbusier, (1959), p 11.

94 Bachelard, (1971), p 6.

95 Kakuzo Okakura, *The Book of Tea*, Kodansha International (Tokyo and New York), 1989, p 83.

96 Edward S Casey, *Remembering: A Phenomenological Study*, Indiana University Press (Bloomington and Indianapolis), 2000, p 172.

97 Citado em Judovitz, in Levin (1993), p 80.

98 Maurice Merleau-Ponty, *The Primacy of Perception*, ed James M Edie, Northwestern University Press (Evanston), 2000, p 162.

99 Le Corbusier (1959), p 7.

100 Merleau-Ponty (1964), p 19.

101 Junichiro Tanizaki, *In Praise of Shadows*, Leete's Island Books (New Haven), 1977, p 16.

102 Alejandro Ramirez Ugarte, "Interview with Luis Barragan" (1962), in Enrique X de Anda Alanis, *Luis Barragan: Clásico del Silencio*, Collección Somosur (Bogota), 1989, p 242.

103 Ong, p 73.

104 Adrian Stokes, "Smooth and Rough", in *The Critical Writings of Adrian Stokes*, Volume II, Thames & Hudson (London), 1978, p 245.

105 Steen Eiler Rasmussen, *Experiencing Architecture*, MIT Press (Cambridge), 1993.

106 *Ibid*, p 225.

107 Karsten Harries, "Building and the terror of time", *Perspecta: The Yale Architectural Journal* (New Haven), 19 (1982), pp 59–69.

108 Citado em Emilio Ambasz, *The Architecture of Luis Barragan*, The Museum of Modern Art (New York), 1976, p 108.

109 Bachelard, (1969), p 13.

110 Diane Ackerman, *A Natural History of the Senses*, Vintage Books (New York), 1991, p 45.

111 Rainer Maria Rilke, *The Notebook of Malte Laurids Brigge*, trans MD Herter Norton, WW Norton & Co (New York and London), 1992, pp 47–8.

112 Rainer Maria Rilke, *Rodin*, trans Daniel Slager, Archipelago Books (New York), 2004, p 45.

113 Martin Heidegger, "What Calls for Thinking", in *Martin Heidegger, Basic Writings*, Harper & Row (New York), 1977, p 357.

114 Bachelard (1971), p XXXIV.

115 *Ibid*, p 7.

116 Marcel Proust, *Kadonnutta aikaa etsimässä, Combray* [Remembrance of Things Past, Combray], Otava (Helsinki), 1968, p 10.

117 Stokes, p 243.

118 Fonte não identificada.

119 Stokes, p 316.

120 Tanizaki, p 15.

121 Bachelard (1971), p 91.

122 *Ibid*, p 15.

123 "From Eclecticism to Doubt", diálogo entre Eileen Gray e Jean Badovici, *L´Architecture Vivante, 1923–33*, Automne & Hiver, 1929, citado em Colin St John Wilson, *The Other Tradition of Modern Architecture*, Academy Editions (London), 1995, p 112.

124 Tadao Ando, "The Emotionally Made Architectural Spaces of Tadao Ando", citado em Kenneth Frampton, "The Work of Tadao Ando", *Tadao Ando*, ed Yukio Futagawa, ADA Edita (Tokyo), 1987, p 11.

125 Em meados do século XIX, o escultor norte-americano Horatio Greenough criou, com essa noção, a primeira formulação da interdependência entre a forma e a função, a qual posteriormente se tornou a pedra fundamental do Funcionalismo. Horatio Greenough, *Form and Function: Remarks on Art, Design and Architecture*, ed Harold A Small, University of California Press (Berkeley and Los Angeles), 1966.

126 Henri Bergson, *Matter and Memory*, Zone Books (New York), 1991, p 21.

127 Casey, p 149.

128 Alvar Aalto, "From the Doorstep to the Common Room", in Göran Schildt, *Alvar Aalto: The Early Years*, Rizzoli International Publications (New York), 1984, pp 214–18.

129 Fred and Barbro Thompson, "Unity of Time and Space", *Arkkitehti* (Helsinki) 2 (1981), pp 68–70.

130 Citado em "Translators' Introduction" by Hubert L Dreyfus and Patricia Allen Dreyfus in Merleau-Ponty (1964), p XII.

131 Citado em Bachelard (1969), p 137.

132 Henry Moore, "The Sculptor Speaks", in *Henry Moore on Sculpture*, ed Philip James, MacDonald (London), 1966, p 62.

133 *Ibid*, p 79.

134 Merleau-Ponty (1964), p 17.

135 Veja, por exemplo, Hanna Segal, *Melanie Klein*, The Viking Press (New York), 1979.

136 Richard Lang, "The dwelling door: Towards a phenomenology of transition", in David Seamon and Robert Mugerauer, *Dwelling, Place & Environment*, Columbia University Press (New York), 1982, p 202.

137 Louis I Kahn, "I Love Beginnings", in *Louis I Kahn: Writings, Lectures, Interviews*, ed Alessandra Latour, Rizzoli International Publications (New York), 1991, p 288.

138 Jean-Paul Sartre, *What Is Literature?*, Peter Smith (Gloucester), 1978, p 3.

139 *Ibid*, p 4.

140 Alvar Aalto, "Rationalism and Man", in *Alvar Aalto: Sketches*, eds Alvar Aalto and Göran Schildt, trans Stuart Wrede, MIT Press (Cambridge and London), 1978, p 48.

141 Frank Lloyd Wright, "Integrity", in *The Natural House*, 1954. Published in *Frank Lloyd Wright: Writings and Buildings*, selected by Edgar Kaufman and Ben Raeburn, Horizon Press (New York), 1960, pp 292–3.